你的行為我理解不能

盜版不「盜」、罰款實驗、貪便宜的機會，是誰在操控誠實？

郭琳 —— 編著

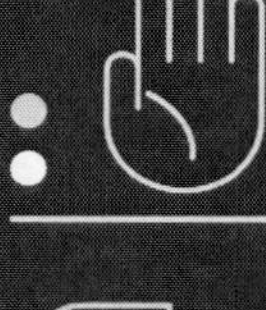

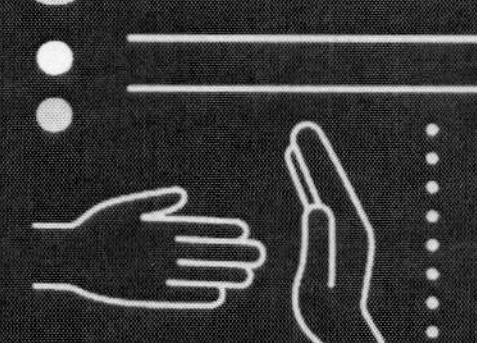

目錄

前言

第一篇　性別心理學

第一章　男人和女人的心理差異

目錄

第四章　和諧共處的兩性關係

目錄

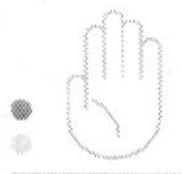

目錄

第十一章　關於笑的心理學

目錄

前言

心理活動是人腦對客觀現實的真實反映。現代社會高速發展、快節奏的生活使人們產生很大的心理壓力，因此出現各種心理問題和心理障礙，導致許多人心力交瘁、痛苦萬分，卻不知道該如何解決。這些心理問題和心理障礙輕則影響生活品質，重則影響生命安全。

隨著社會的進步和發展，心理學的相關內容已經引起人們的廣泛關注。人們前行的腳步越來越快，相互之間競爭的壓力也日益加劇，這使人們面臨各種心理壓力以及心理戰爭。由於人們對心理的相關知識不足，很可能會產生偏見和誤解，使原先不嚴重的狀況變得嚴重，不複雜的情況變得複雜。本書就是在這樣的背景之下策劃並完成的，希望本書能夠讓您的生活帶來轉變，哪怕僅有一點點。

本書從日常心理需求的角度出發，將知識性、趣味性、可讀性和可用性融入其中。本書既適合對心理學感興趣的學生、上班族、家庭主婦、無

業游民、流浪漢等讀者，也適合所有希望自己的生活能夠變得更好、更隨心的讀者。

第一篇　性別心理學

男人和女人之間是一個永恆的話題，雖然歷經了幾千年，但是依然讓大家倍感糾結。由於性別的差異，男人和女人在各種問題的處理和思考上都存在著巨大的差異，甚至有人覺得男人和女人來自不同的星球。這足以證明學習性別心理學知識的重要性，透過這些知識，不但能夠更容易懂得你的另一半，還可以更加了解自己。

第一章　男人和女人的心理差異

關於男人和女人的問題，是一個永遠討論不完的話題，因為這是每個人感情生活中必不可少的一部分。如果能夠了解對方的心理特點，就可以讓生活更加融洽。因此，當對方說出讓你無法理解的言語和做出讓你無法理解的行為時，你最好能夠站在對方的立場重新思考一下。

男人喜歡解決問題，女人喜歡闡述問題

人們常說「女人來自金星，男人來自火星」，這就足以表明男女之間的差異之大。但問題是，這樣來自兩個不同星球的個體，還必須很親密地生活在一起。於是，就不可避免地產生不斷的矛盾。

法國哲學家孔德說過這樣一句名言：女人是情感的動物，男人則是行動的動物。這和我們這一小節要討論的主題「男人喜歡解決問題，女人喜歡闡述問題」是同個意思。

李藝婷和丈夫結婚半年了，最近他們的矛盾越來越多，其實問題主要來自李藝婷，她總覺得丈夫越來越不在乎自己了，每次下班回家就坐在客廳裡看電視，吃晚餐時簡單聊上幾句，就到了睡覺的時間。

本以為結婚可以延續戀愛時的甜蜜，現在的她卻越來越失望了。為此，她想找機會和丈夫好好談一次，但每一次剛提到這個問題，就被丈夫搪塞了過去。

在丈夫看來，他並沒有忽視妻子，根本沒有問題存在，也沒有必要溝通。她越來越搞不懂，無論是熱戀階段，還是新婚時期，這個男人的語言細胞曾經是多

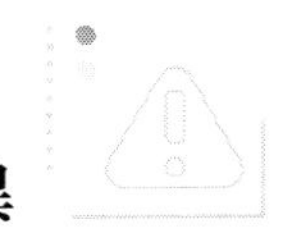

麼發達，一個小時前相見時口若懸河地訴說相思，一個小時後分別時仍滔滔不絕地表達著愛戀……如今，這是怎麼了？結婚才半年啊，他竟成了「悶葫蘆」。

她固執地認為，一定是丈夫不愛自己了，要不然怎麼連交流的欲望都沒有了呢。

其實李藝婷的這個問題，很多女性都遇到過，並且大部分女性都認為是對方「變心」了。其實，這種現象和男人的「心」沒關係，而和所謂的「男人性格」有關係。那麼，接下來就為大家解析一下不同的男女性格。

男人喜歡解決問題

男人是行動型的動物，因此男人喜歡直接解決問題。英國社會學家馬克經過調查發現：男人每天的說話量是女人的一半，並且大多用於朋友圈中、工作中，而與伴侶的聊天交流，每天可能不足十五分鐘，用詞量不超過百分之十。

其實就算在熱戀中，在男人語言最發達的這個階段，他們的行動往往還是大於言語的。在戀愛中，女人一般習慣用言語來表達思念和愛戀，而男人更喜歡用動作。比如，他們喜歡用擁抱、親吻或者其他方式來向戀人表達愛意。而對於大部分的女性來說，會傾向於把男人的這些「行動」和所謂的「生物本能」連繫在一起，在她們看來，愛一定要上升到精神層面，並且要一直在精神層面上占據重要地位才對。實際上，這並不是所謂的「精神」或「肉體」的問題，而是「男人性格」和「女人性格」的問題。這種情況不僅發生在戀愛中，在平時的生活中也有。比如，男生們說：「走，打球！」於是一群人直奔操場。同樣的活動，如果發生在女生身上，她們更可能在前一天晚上就商量好：「哎，要不然我們明天去打球吧？」「我明天運動時穿哪件衣服好啊？」等等。

女人喜歡闡述問題

女人喜歡闡述問題，因此女人是表達型的動物。女人喜歡透過談話來建立關係、鞏固關係，在家裡則喜歡透過嘮叨來顯示自己的領導地位、表達對男人的關心。

男人則不這麼想，無論他婚前多麼妙語如珠，婚後的男人更傾向直接說出具體願望。比如「今晚想和你去餐廳吃飯。」、「我想休息。」、「我要開會了。」

夫妻雙方遇到矛盾，男人更喜歡在之後的生活中直接改善，而女人更傾向在

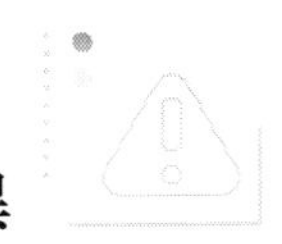

改正前先深入地交談一次。

對於女人來說，缺乏言語的溝通就意味著感情將出現隔閡。一位兩性專家曾經說過這樣一段話：女人往往透過表達來尋求保護，如果一個女人對你說出了很私密的話題，這時候倘若對方也把自己的祕密說給她聽，女人心裡一定會很舒服，覺得這次交流很有深度。但是，假如這時對方只是簡單的聽了，而沒有進行相應深度的言語回饋，女人就會覺得他不懂自己的心，沒辦法交流等。而實際上，大部分男人都不懂得回饋。

男人和女人是完全不同的兩種動物，因此遇到問題時，大家不要總是站在自己的角度去考慮問題，即「如果是我，我會怎麼做」，而應該站在對方的角度「如果我是他（她），我會怎麼做」。這樣的話，我們就可以避免很多不必要的衝突了，不是嗎？

男人喜歡單獨解決問題，女人喜歡和別人討論問題

女人是天生的群居動物，在這一點上，她們和男人是相反的。工作也好、吃

飯也好、逛街也好、有閒暇的時間也好，總要有伴。

何禮宜和李嘉強是從大學時就開始談戀愛的，兩人關係一直親密，可是畢業後，李嘉強去外縣市工作，而何禮宜留在學校讀研究所，他們之間的矛盾也隨著距離的產生開始出現。在何禮宜看來，李嘉強變得不關心自己了，兩人之間的交流也開始變得越來越膚淺了，無非就是「起床了嗎？」「我要上班了。」「我下班了。」「該睡覺了，晚安！」之類的對話。

於是，何禮宜經常在電話裡要求談這個問題，而李嘉強覺得沒必要拘泥於這種小事，兩人之間的感情並沒有變淡，每次談到這個話題時，李嘉強都很不耐煩，於是，何禮宜就更生氣了，覺得兩個人真的無法溝通了，還不如分手算了。

其實，他們之間並不存在嚴重的問題。一位兩性專家說過：「阻止女人做什麼都好，就是不要阻止女人說話；限制男人做什麼都好，就是不要限制他行動的自由。」

如果每次有矛盾時，李嘉強都能夠安靜的聽何禮宜講完，那麼，他們之間的關係也不會變成現在這樣。

女人為什麼喜歡和別人討論問題

1　傾訴是女人的天性。女人在遇到問題時，大多會選擇告訴自己的好友，這和女人愛傾訴的天性是分不開的。女人屬於左腦動物，因此她們的語言系統要比男人發達得多，遇到問題也就喜歡用談話的方式來解決。

2　女人屬於弱者。在動物的世界裡，弱者都是以群居的形式生存，因為她們一個人的力量不足以應付外來的威脅，女人是需要尋求保護的，而方法之一有時僅僅是傾訴。像我們所了解的失去阿毛的祥林嫂，遇人就會說：「阿毛本來不應該死……」其實她是在透過語言來尋求保護，希望別人能給她力量，並得到別人的同情和幫助。

在女人看來，無論高興還是憂愁，都可以一層層地將其剝離出來，再拿給親友條分縷晰，而女人通常會在這過程中重新找到支撐自己的力量。女人細膩敏感的天性和出色的語言表達能力，決定了她們天生就有著較男人更為強烈的傾訴欲望。而且在傾訴中，女人既善於將客觀現實抽象化，又善於將感性體驗語言化。可以說，女人對人際間精神上的交融較男人而言寄予了更多的幻想與厚望。

男人為什麼喜歡單獨解決問題

和女人相比，男人就是行動型的動物，因此他們喜歡解決問題，而不是討論問題。就算是解決問題，他們也喜歡單獨解決，而不是三五成群地一起處理。

大學時有兩個朋友，都曾遇到過麻煩。女性朋友的腳扭到了，於是一群女生十分費力的在半夜把她送到醫院照X光、包紮，並且每頓飯都幫她帶回宿舍。

時隔不久，一位男性朋友也遇到了同樣的問題，而他自己回到宿舍，做初步的簡單處理，隔兩三日能勉強走路的時候，自己去學校附近的診所照X光、取藥。

可見，同樣的問題，卻是完全不一樣的處理方法。

因為我們的社會給了男女不一樣的期待，認為男人就應該是獨立的、有力量的、果敢的，並且他們喜歡挑戰，傾向成功，這就是所謂的性別角色。男人通常喜歡以自己個人的力量來顯示自己的能力。

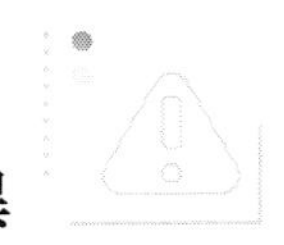

不同的性別要用不同的方法激勵

不是每個人都能夠用同樣的激勵方法。如果細分的話，最好的就是根據性格需求。除此之外，還有一點很重要，就是性別。

最好的激勵就是能夠滿足所激勵對象的需求，把他的需求作為誘因，才能使他產生相對應的動力，並且使我們的激勵機制發揮作用。激勵在發揮作用的時候確實是要考慮到性別的影響的，這在我們很小的時候就能夠展現出來。

的確，激勵的方法是和性別有關的。要了解激勵的方法如何在不同性別的族群身上產生作用，就得先了解所激勵的對象有怎麼樣的特點，他們在乎什麼。

男人需要什麼

1　自身能力被肯定。有一位心理學家說過：「每一個成熟的男性身體裡都有一個非常幼稚的小男孩，每個幼稚的小男孩體內都有一個可笑的小問號，那就是『我有沒有被人瞧不起？』」不管變成多成熟的男性，這個問號依然存在。他們在乎的就是自身能力被肯定。

沒有什麼比說一個男人「無能」更打擊他的了，因此一定要經常告訴他：「我相信你能做好，你一定行的。」

2 才華被欣賞。這和第一點有些相似，但又不完全一樣。第一點著重的是一般能力，而「才華」是指他的特長或優勢。假如你暗戀的對象喜歡彈吉他，那不妨告訴他：「你的吉他彈得真好，我很喜歡聽。」這一定會對你有幫助的。

3 努力被感激。男人是喜歡奮鬥的動物，當然，這也是社會加在他們身上的標籤。男人在奮鬥的過程中，即使暫時沒有取得成功，也要適時地鼓勵他，告訴他你看到他一直在努力。

有一對夫妻，兩人很少吵架，一直很恩愛。原來，在他們新婚的時候，丈夫因為經濟能力不足，無法買房，但妻子沒有抱怨，而是經常鼓勵他。

每次發完薪資，他們都會高興地說：「又可以買一坪了，我們靠自己增磚添瓦。」雖然清貧，但他們一直在努力，最後終於擁有了自己的房子。

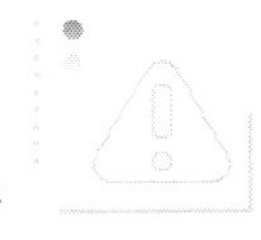

女人需要什麼

1

時常被關懷。女性多少都有些表演型人格的潛質，因此她們需要時常被注意並關懷。如果你想在某方面激勵她，就在這方面關懷她吧。

比如，你希望妻子可以經常做飯，而不是總吃速食，就可以這樣告訴她：

「老婆，你做飯好辛苦啊！以後我幫你吧。」這樣一來，你就會發現妻子做飯的次數不但比以前多了，而且味道也好多了。她們只要不經意間發現了你的關懷，就會更加投入。

2

再三被肯定。「每一個成熟的女性身體裡都有一個非常幼稚的小女孩，每一個幼稚的小女孩體內都有一個幼稚的小問號。那就是『我到底有沒有討人喜歡？』」因此，對於女性的鼓勵要從生活中的細節著手。

如果她是你的朋友，告訴她：「你很會打扮，很會穿衣服。」如果她是你的下屬，告訴她：「你很細心，把事情交給你，我放心。」如果她是你的女友，告訴她：「你個性比別的女生好多了。」等等。

3

想法被尊重。女性的邏輯思考能力通常不如男性，因此她們常有很多想法在男性看來完全不值得一提，尤其是戀愛中的女人，她們有時甚至會提出很多小孩子般的建議，而這時，那些完全不懂女性的男人就常常會惹到自己的女朋友，以至於犯了錯誤後還不知道為什麼。

曹欣儀和男朋友交往半年了，有一次他們去河邊玩，曹欣儀隨口說了一句：「我今年二十五歲，你撿二十五個漂亮的石頭送給我留作紀念好不好？」男友覺得很幼稚，不願意這樣做，並說改天送她更好的禮物。可是曹欣儀還是很傷心，覺得男友連這麼小的願望不願意滿足她。

不同的性別對語言有不同的理解

男人和女人之所以對語言的表達不同，是因為二者對語言的理解不同。語言是交際的工具，語言的表達和理解是與人們交際本質密切相關的一個基本問題，尤其是異性之間。這個工具如果使用不當，就會引發很多問題和誤解。

一對夫妻吃完晚飯後一起看電視，丈夫自顧自地轉到運動頻道，沒有注意到妻子的喜好。這時，妻子非常憤怒的說：「你從來不讓我看我喜歡的節目！」這時丈夫立刻反駁：「誰說的，我明明昨天還陪你看你喜歡的綜藝節目了呢！」其實，妻子說的從來是指大部分時間，而丈夫卻認為是每天。

在異性之間的交流中，許多「社會的」和「認知的」因素都會妨礙接收者正確地理解發話者的表達意圖，從而導致交流的失敗。這些因素包括語言發音本身、地理因素、性別差異、年齡差異、教育程度差異、社會地位差異、文化差異、職業及個性差異等。從某種意義上來說，語言的表達和理解實際上是一個社會過程。

幾年前，非常流行一本書——《男人來自火星，女人來自金星》。在這本書中，作者分析了男性和女性在語言表達和理解上存在的諸多差異，以及他們在交流中相互產生誤解的根源。在本文中，我們也將著重從性別的角度來探討一下不同的性別如何影響語言的理解。

一般來說，男人和女人不同的社會地位、思考方式等都會直接影響和決定他們的交際方式。這種不同的說話交際方式很大程度上會決定他們成年後的語言表達與理解方式。

不同的性別對語言有不同的理解

男人和女人交際時最大的不同是女人通常用語言來表達親近，並來建立親密的關係；而男人通常是透過語言的表達來顯示自己的能力，建立自己在同伴中的地位。語言對於女人來說是表達情感的工具，而對於男人來說是表達能力的工具。

因此，在決定做什麼的時候，女人經常會提出建議，以此來平衡自己和他人的需求。例如，她們通常會說：「我們去逛街，怎麼樣？」「親愛的，你覺得這件衣服漂亮嗎？」「小李，你看這樣行不行？」等表示「協商」和「建議」的句子。而男性就常用祈使句，以此展示知識和能力。例如，「把水杯拿給我。」、「那份資料五分鐘後影印一份送到我辦公室來。」等等。

此外，男人和女人在語言的表達上還有其他差異。男人習慣只把語言看作傳達事實和訊息的手段，因此他們說話比較直截了當；而女性說話通常比較婉轉，講究說話的藝術性，喜歡採用暗示技巧。比如，一對情侶去逛街，當女人試穿一件並不適合她的衣服時，男人通常會說：「你穿這件衣服不好看。」相反，女人則會這樣表達：「我覺得那件衣服你穿上可能會更好看。」

研究表明，女人尤其喜歡使用隱諱的語言，豐富的修辭，包括誇張、比喻、

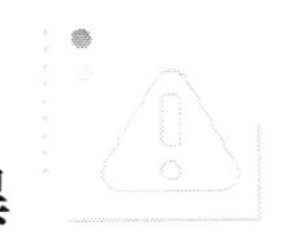

歸納等。男人常照本宣科，對女人的話全盤接受，隻字不改就妄下結論。由於男人和女人在語言的表達上有諸多差異，且在語言的理解上也會出現偏差，因此在相互交流時就容易造成誤解。有時就算使用完全相同的詞，他們所表達的含義和理解的含義也是不同的。

所以說，男人和女人在對語言的理解和表達上是存在客觀差異的，並且這種差異是很難改變的。我們能做的就是給予對方更多的理解和寬容，只有這樣才能在溝通的過程中少一些誤解，多一分和諧。

男人就像橡皮筋，女人就像波浪

橡皮筋可以被延長，只要沒超過彈性限度，一鬆手，立刻就會反彈回來——橡皮筋的道理應用於男人的「親密週期」，這是一個完美的比喻。

這個過程就是：親密—疏遠—親密。常見的情形是：戀愛初期，他對你愛意綿綿，你對他信任有加，忽然間，男人顯得煩躁不安，心神不寧，並開始疏遠你——此時，橡皮筋正在拉長。他不願與你聊天，甚至不理不睬，你以為他要變心了，可是一段時間以後，他又恢復常態，再次對你親熱起來——此時，橡皮筋自動反彈回來。

親密期：關係剛開始時，男人的橡皮筋全部伸開著，是強有力的。他希望接近她，打動她，滿足她。當他成功了，她也想接近他，於是她打開心扉，讓他更近，再近一些。他們獲得了親密，他感覺奇妙無比。

疏遠期：女人常常驚訝的發覺，即便男人深愛著她，也會週期性地選擇「逃避」。這並不是他蓄謀已久的決定，而是男人的本能使然，有些男人甚至沒有意到這過程的發生。男人的逃避，不是他的錯，也不是女人的錯，即使她表現正常，無懈可擊，他也可能企圖逃避。這從屬於一種天然的循環或週期。男人之所以逃避，是因為要滿足「獨處」和「反省」的需要。

返回期：如同橡皮筋一樣，先是徹底地延伸出去，眨眼之間，就會猛然反彈回來。同樣，一段時間的逃避之後，男人就會強烈的渴望愛，留戀親密的感覺。他的內心深處產生更大的熱情和衝動，想要給他的戀人更多愛。此時，他對女人更為親密，沒有任何疏離的感覺，也無須由疏遠到親近、重新熟悉這樣的一個「過渡期」。

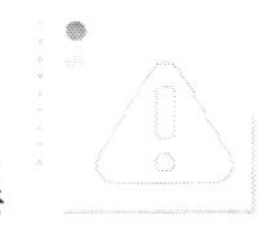

但是，當男人沒有任何理由地疏遠女人時，女人會很驚慌，她害怕他永遠不再回來，以為她做錯了什麼，以為他在期待著自己去重新建立親密關係。

如果她因此去逼問，男人只會更加疏遠。女人若能理解並接受男人的這項需求，就能縱容他在自己的空間裡，體會對愛的渴望。如果女人能支持男人出走，他必能拾回對自己的愛，重新回到自己的身邊。

女人就像波浪，說的是戀愛中的女人感情猶如波浪，她的熱情、夢想、渴望、情緒，就像波浪一樣或升或降，此起彼伏。如果戀愛中一切順利，她會很快到達「波峰」，倘若遭遇挫折，她會迅速降至「波谷」。當然，這種由高而低的過程，不會持續太久。總體說來，當波浪降至波谷時，情緒會即刻發生逆轉。當女人的心情豁然開朗時，波浪開始由底部向高處升起。

波浪上升的過程中，女人的心中充滿著愛，對男人有著無限的柔情蜜意。但當波峰降至波谷時，她會憂鬱，內心極度空虛，渴望以男人的愛來填滿。當到達波浪的谷底時，她的情感才趨於平穩——這是情感梳理的最佳時間。接著，在波浪上升階段，如果缺少愛的滋潤，女人就會壓抑消極的感受，隱藏真實的情緒，要經受悲哀和沮喪以及暫時未被滿足的需要。在這個階段，因為內心的惶恐，她尤其需要談論問題，得到傾聽和理解。

聰明的男人應理解她此時的需要，千萬不能不管不顧。假如男人粗枝大葉，不恰當地提出請求，就會使她心中的積怨突然爆發，後果不堪設想。但是，如果這個時候男人能夠理解並給予足夠的安慰，不管情緒多麼低落，女人的波浪都會迅速「反彈」，從波谷直達波峰。眨眼間，她的情緒和感覺會徹底「康復」，也會給男人更多的愛作為回報。

在了解了男人和女人的情感規律後，男人和女人都可以大大地鬆一口氣。聰明的男人會在疏遠期向他的伴侶說一聲，他仍關心她、愛她；而聰明的女人會在她的男人疏遠時，不追隨他、懲罰他，給他想要的空間並相信他會回來，並在波谷期懂得如何調節情緒，還伴侶一個快樂的自己。

不同的性別有不同的情感需求

每一種生物的需求都是不同的，更何況是男人和女人這兩種來自不同星球的生物。有些人很疑惑，為什麼我那麼愛她，對她那麼好，她卻還不知足。

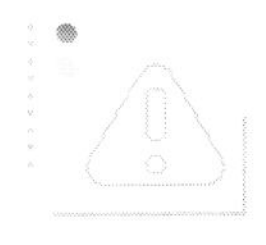

原因很簡單「你給的不是我想要的。我喜歡吃馬鈴薯，你卻天天做茄子給我吃，這時間長了，我能快樂嗎？」男人和女人有不同的情感需求，他們卻常常無視這事實，只是自顧自地表達情感。

也就是說，男人給予女人的愛，只是男人所需要的；而女人給予男人的愛，則是女人所需要的。他們錯誤的認為，對方的需求和渴望，與自己完全一致，其實他們並不清楚，怎樣才是恰當的給予愛。

女人深愛著男人，就可能處處為對方著想，有事沒事打通電話，上班間隙偷偷傳訊息，詢問他的飲食起居和點滴感受。女人以為，這樣就是愛和關心。然而，過分操心，只會讓男人心煩意亂，會覺得自己隨時被控制著，有一種被束縛的感覺，因此更想逃離。

其實，很多男人之所以會厭煩自己的伴侶，不是因為她不夠漂亮，不夠優雅，相反，而是因為她太過於關心，給不了他想要的空間。

男人常常同樣也無法理解女人的需求。比如，女人在公司裡遇到了不順心的事情，回家後跟丈夫訴苦。這時，男人會立即為女人出主意，並給予評論。他是想讓對方明白，問題沒她想像那麼嚴重，沒有什麼大不了的。男人認為這是對女人最好的支持、最真誠的愛。可是這種情況下，女人往往會脾氣越來越大，弄得男人莫名其妙。其實，女人心裡很清楚應該怎麼做，她需要的是戀人的支持和鼓勵，而非指手畫腳。

下面我們就來看一下男人和女人都有什麼樣的情感需求吧。

女人需要關心，男人需要信任

男人關注女人的感覺，並能設身處地地從她的角度考慮問題，女人就會感受到愛和力量。她需要男人的關心，甚至是無微不至的，這樣她才會覺得自己在男人的心目中具有很重要的位置。男人如果滿足她的愛情需求，她就會對男人越來越信任，開誠布公。

女人的坦誠和真情讓男人欣慰，他也離不開女人的信任。女人承認他的價值，相信他能為其幸福竭盡全力，男人就可以得到滿足，於是在事業上雄心勃勃，在感情上更加關心女人的感受，致力於給女人更多的快樂。有時候，男人的成功是因為他心愛的女人相信他能夠成功。

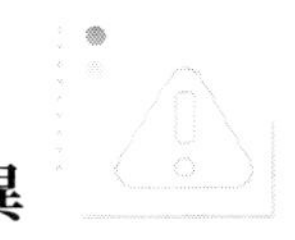

女人需要了解，男人需要接受

女人渴望被愛的人了解，而被人了解的主要途徑就是傾訴，因此男人的傾聽讓她滿足。男人不但要專心聽，而且還要適時從女人的角度說幾句與她心情相關的話，而不是去評論女人所說的事情本身，女人便會非常的感激。作為回報，她會更加接受男人，這也正是後者夢寐以求的結果。

男人最怕的就是被改造和被控制。女人充滿愛意，接受男人的本來面目，而非試圖改變對方，男人才會感覺到女人的愛。他知道，女人不會對他實施改造，而是相信他可以自行努力，獲得進步，不斷成熟。男人感到他被女人所愛，就更樂意做女人的聽眾，體諒她的需求，滿足她的願望。

女人需要忠誠，男人需要讚美

女人天生就是一種缺乏安全感的動物，因此女人需要男人的忠誠，需要男人不斷從語言上和行動上來肯定她，讓她知道自己現在正處在一種安全的愛中。這樣，她才可以拋開一切顧慮去愛男人。

男人需要女人的讚美。讚美男人，意味著對他懷著驚奇、喜悅和認可的心情。當女人因為男人的性格和才能而喜悅時，男人就會感受到讚美。

男人值得讚美的優點，涉及他的力量、幽默、堅毅、正直、誠實、浪漫、溫和、理解、柔情等傳統意義上的美德。讚美讓男人感動，於是竭盡全力為女人帶來更大的回報，一言一行皆是無限愛意。

如何避免不必要的爭吵

兩個人在一起，就注定會有爭吵，不管曾經熱戀中的你們發過怎樣的誓言。吵架和愛情是成正比的，你越愛一個人，就越在乎他的一切，繼而就越挑剔。有這樣一句話：「人們日常所犯最大的錯誤，是對陌生人太客氣，而對親密的人太苛刻，如果顛倒過來，天下太平。」

男人和女人吵架的內容常常與金錢、工作、性愛、休閒、價值觀、子女教育和日常家務有關。不起眼的話題演變成激烈的爭吵，歸根究柢往往在於未能感受到對方的愛與理解，因此受到心靈的震顫和痛苦。此時，一個人很難保持客觀

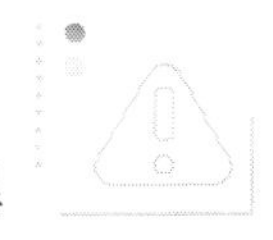

和從容。人在有情緒的時候，認知沒有作用的，感性一旦戰勝理性，吵架便不可避免。

在戰爭開始之間停止

有時，避免衝突最好的辦法就是適時地退避或讓步。比如說，當兩個人對某一問題的看法不一致，並且辯論得越來越厲害時，不妨先中斷交流，讓自己冷靜一下，整理好情緒，以便帶著更多的理解、信任、寬容和認可，再次出現在對方面前。

任何時候都要提醒自己：要秉著不冒犯、不傷害、對事不對人的原則。爭吵一定要兩個人才能引發，但停止爭論只需一個人即可做到。停止爭論最好的方法是及時防止爭論的發生。

注意說話的方式

有時候，戀人之間的爭吵並不在於說話的內容，而在於說話的方式。男人因不體貼的說話方式傷了女人，卻又告訴女人為何她不該難過。他誤以為她是反對他的意見，而不知道是自己缺乏愛的說話方式使她難過。他因不了解她的反應，而更加解釋他所說的正確性，卻不知道應調整說話方式。

比如，吃飯的時候，女人因為身體不適不願意多吃，這時男人如果說：「妳不吃我吃，妳就餓著吧！」女人就一定非常受傷，覺得男人只顧自己。其實，她非常希望戀人能哄著她吃飯，若此時男人沒有重視女人受傷的感覺，就等於更深地傷害了她，但他卻毫不知情。

因此，男人可能不知道自己對伴侶的傷害有多深，也不知道是自己激起了她的反抗。同樣的，女人也不知道她們對伴侶造成了多大的傷害。女人一旦感受到挑戰，講話的語調馬上就會變成不信任和拒絕。拒絕使男人受傷，尤其是當他陷入感情中時。

了解不同的情感需求

兩個相愛的人，為什麼會在聊天的過程中從心平氣和變成青筋暴露？那一定是在這個過程中有一方沒有感受到被愛和被尊重。只有了解男女的不同需求，才能學會怎樣在愛的過程中不輕易地傷害對方。

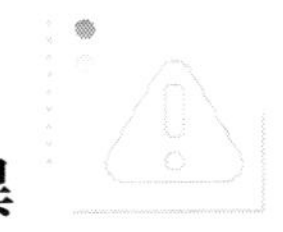

男人為什麼要吵架？

「我不喜歡她因芝麻點的小事而難過，那會使我覺得受到拒絕和不接受。」——他需要她接受他做事的方式，不要試圖改進他。

「我不喜歡她一不高興就罵我。我覺得她沒有鼓勵我成為一名身披閃亮盔甲的勇者。」——他需要受鼓勵，而不是放棄自己。

「我不喜歡她抱怨自己做太多或我做太少」——他需要感激，而不是責備。

「我不喜歡她告訴我該怎麼做事，我覺得沒有被接受與尊重。」——他需要她接受他的做事方法，而不是控制或施加壓力讓他講話，那會使他無話可講，並感到自己從沒有讓她滿意過。

女人為什麼要吵架？

「我不喜歡他看輕我的感受或需求，那會使我覺得不受重視、不重要。」——她需要被認同與珍愛，而不是批評與忽視。

「我不喜歡他責備我的難過，那會讓我覺得我必須完美他才會愛我。我不是個完美的人。」——她需要他了解她難過的理由，並向她保證他仍然愛她而且她不必完美。她不願感到不安全。

「我不喜歡他向我說明為何我不應該憂傷、不應該覺得受傷害，我會覺得沒有被他認同或支持。」——她需要被認同與了解。她不願感到沒有愛與支持。

其實，生活中有些吵架的確是不可避免的，但如果我們在生活中多用心去了解對方，多溝通，那麼，就會減少很多不必要的爭吵。如果每一次爭論時，都能用一半的心思站在對方的角度考慮問題，那麼爭論就會成為互相支持的對話，並可以促進夫妻感情的發展。

如何處理消極情感

兩個人在一起相處，難免會因為碰撞、口角產生衝突。矛盾一旦發生後，誰的心裡都不舒服。但是，我們不必去否定相愛過程中所具備的任何消極情感，因為它的存在是很正常的。只有接受它，才能更好地改造它。由於男人和女人具有不同的心理特點，所以我們將分別介紹如何處理消極情感。

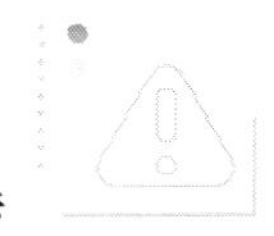

女性情緒保健法

女人是情緒化的動物，這是人們公認的事實。在生活中，適當的情緒表達會讓人心疼和喜歡，但是一定要記住：沒有人願意和一個喜怒無常的人生活在一起。

張愛玲說過：「太大的悲傷和太大的快樂都要遠離人群。」因此，女人在生活中一定要學會調節自己的情緒，並且學會適度的表達情感。

以下推薦幾種方法：

1　情緒宣洩法。這是排解不良情緒最常用的方法，身為女性，在心情不好的時候，常會對身邊的人無緣無故的發火，但要知道，說出去的話是無法收回的，不要因為無理取鬧傷害了別人。這時，不妨辦一張健身卡，去做瑜伽或者一些體育活動，把負面心理能量變成身體能量釋放出去，氣也就消了。

這樣做，一來排解了不良情緒，二來還可以消除多餘的脂肪，何樂而不為呢？當然，宣洩的方法還有很多，比如寫日記，把痛苦寫出來，然後撕掉或燒燬，再告訴自己：壞情緒消失了。這其實是一種心理上的自我有效暗示。

2 環境調節法。有些人遇到不開心的事情時，喜歡出去走走，這也是一個好方法。

心理是大腦對於外界事物的客觀反映，外界環境變了，心理活動自然也會發生變化。因此，可以選擇一個一直想去但從來沒有去過的地方散心，最好去一些自然風景區，在接近原生態的大自然環境裡，淨化心靈，拋掉心裡的垃圾。這種方式一方面是對痛苦情緒的積極補償；另一方面，待情緒冷靜下來後，就會跳出原有的思考模式，更有效的解決問題了。

3 向人傾訴法。女人天生就有一種傾訴欲。中醫上有「痛則不通，通則不痛」的說法，指的是體內經脈之間的關係。西醫也講究血液循環系統不能阻塞，否則血管就無法順利的把養分輸送到全身各處。

其實，這一點也可以用在情緒疏導中，情緒通道系統也不能阻塞。「通」即溝通，學會和別人溝通才能避免生活中的許多誤解，排除不必要的麻

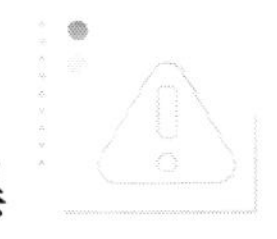

煩。因此，當心情不好的時候，找個人傾訴，把心中的消極能量釋放出去，心情便會好一些，此乃「通則不痛」。

這種解釋是可以找到心理學依據的：佛洛伊德認為，人是一個能量系統，要及時透過合理的途徑疏通體內多餘的消極能量。體內的能量系統平衡了，人才能保持心理健康。情緒通道順暢通達了，生活便會有更好的狀態。

男性情緒保健法

和女人相比，男人要理智得多，因此當男人出現消極情緒時，掌握一些相應的理論是必需的，因為他們善於改變自己的認知，繼而消除消極情緒。在這裡，我們來介紹一種觀點——波動法則。

數年前，日本某大學的人曾發明了「以音消音法」，其具體做法是測出聲音的波形，然後透過放音設備向它發出具有逆向波形的聲音，這樣就能消除某些雜音。這項基礎目前已被應用到消除汽車引擎噪音上。

於是，有人將這道理應用於心理上。也就是說，人的情感也一樣，有消極情

如何處理消極情感

感存在，也有積極情感存在，而兩種情感具有完全相反的「波形」。

以下是兩兩相對的情感：

不安——放鬆

焦躁——沉著

壓力——平靜

怨恨——感謝

恐懼——勇氣

完全相反的兩種情感，具有波形相同但方向相反的特徵。因此，當我們受困於某種消極情感時，便可有意識地透過各種方法讓心中滋生出積極情感，如回憶曾經的美好、工作的成就等，從而消除消極情感。

當然，以上所講的內容只是當我們產生消極情感時如何及時宣洩，但最重要的是徹底消除。所以，在消極情感平靜下來後，兩個人還需要有效的交流和溝通，真正的解決問題，從而避免不必要的矛盾再次發生。

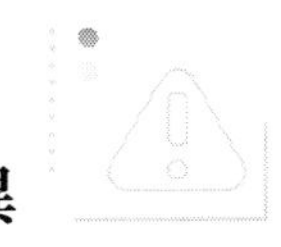

我們需要不同的異性支持

人是社會動物，所以我們每個人都需要支持。無論是外表柔弱的女人，還是剛毅堅強的男人，無一不渴望在孤獨或喜悅的時候，身邊能有一個人和他一起分享。在他遭遇挫敗或取得進步的時候，都會有一個人無條件支持他。但是，男人和女人所需要的支持是不一樣的，掌握了這些，我們才能做到雪中送炭，避免畫蛇添足。

男人需要什麼樣的異性支持

1　男人需要你對他事業的支持。男人是追求成功的動物，尤其是事業上的成功。一個男人，可以沒有愛情，但不能沒有事業。看似頂天立地的大丈夫，如果遭遇事業上的挫敗，那麼也只能披著外殼假裝堅強，把脆弱和消極藏在心裡。如果你愛他，就該在這個時候給予鼓勵，讓他對事業重燃信心。

因此，作為女人要像愛他一樣愛他的事業，不要為了自己的愛，讓他放棄可能轉折的機會。比如，有些女人在丈夫有機會到海外工作時難以接受離別之痛，於是竭力阻攔。

2

男人需要你對他面子的保護。受了幾千年封建思想的影響，幾乎每個男人骨子裡都有一些大男子主義思想。因此，他們需要女人保護其尊嚴，尤其在朋友面前，他需要女人給他保留足夠的情面。

和朋友聚會，男人們之間往往少不了自我吹噓，甚至在這個時候他們會忽略你的存在。身為女人，在這個時候，千萬不要像在家裡的時候一樣對他下命令，只要在朋友面前給他面子，回家或者沒人的時候，你怎樣收拾他，他都不會計較。

3

男人需要女人對他的感情的信任。男人是視覺動物，在街上見到漂亮的女人，總忍不住多看幾眼，這是本能，而非不忠。作為他的伴侶，要是在這個時候和他大吵大鬧，男人便會非常反感，因為他覺得你對他缺少信任。

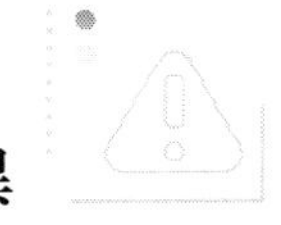

女人需要什麼樣的異性支持

1 女人需要被讚美。「我喜歡你的新髮型。」、「你是我遇過最善解人意的女孩。」等等，女人需要男人不斷地讚美，真心的讚美。這樣，她們才會更加自信，相信自己是值得被愛的。讚美是語言的鑽石，所以相比挖空心思買來討她開心的禮物不妨多讚美她幾句，會達到意想不到的效果。

2 女人需要被傾聽。女人的語言腦比男人的發達，所以女人比男人喜歡表達，她們非常喜歡傾訴，雖然對她們來說，並不是每次聊天的內容都有明確的主題。

女人需要別人的傾聽，尤其是戀人的傾聽。這讓他們感到被關心、被在乎。不管她說得對還是錯，都不要去打斷她。女人說話的內容並不重要，重要的是男人能認真地聽完她的嘮叨。女人嘮叨完了，心情也就會恢復舒暢。

3 女人需要被感激。有句話說：「愛讓男人更挑剔，卻讓女人更寬容。」

我們需要不同的異性支持

一個女人，當她真正地愛上男人之後，便會變得寬容、充滿母性。她願意為這個男人做一切，甚至放棄一切。作為男人，如果在適當的時候表達一下感激，告訴女人，其實他把一切都看在眼裡，他明白她為自己所做的一切。那麼，這個女人便會更無怨無悔地付出。

第二章　這樣的女人最聰明

女人無論在生理上、心理上還是社會地位等方面都有自己的特點和獨立的位置，所以明確自身的不同，對於女性的生活來說非常重要。

聰明女人不做白日夢

只有抓住機遇，不斷努力，才有可能改變人生和命運。

女人應該破除哪些幻想和白日夢呢？

幻想一：我和別人不一樣

有些長得漂亮一點、有點小才華的女人，對自己有一種自信，總覺得自己和別人不一樣，是特別的。但事實是，你在別人眼裡，跟任何人都一樣，沒有什麼特別。因此，步入職場前請丟掉第一個幻想：「我和別人不一樣。」

很多人剛入職場時都帶著「我是人才」的想法，但很快就會發現，是不是人才其實並不重要，重要的是別人是否用你。

用你，你才是人才，不用你，你什麼都不是。

幻想二：別處的月亮要圓些

不滿意就跳槽，是現今多數人的常態。

小李工作一年後就相當有自信，覺得資歷有了，經驗也有了，更好的未來一定在轉角等著她，所以不停地轉彎，直到看見周圍有人升遷，有人開公司，自己卻依然高不成低不就的，還是一個基層員工時才開始反省。

對工作不滿意是常態，而且大家通常認為換一個環境，待遇會好一點，職位會高一點，公司規模會大一點，人際關係會簡單一點，一切也就好了，這其實都是幻想。現實是，一個問題解決了，又會有另一個問題產生，人永遠都是不滿足的。

如果一切都滿足了，很快就會覺得無聊，於是自己就會製造一些不滿意出來。因此，當我們對現狀不滿時，要按捺住心情，做個客觀評估，如果發現所處的環境在中等線上，最好的辦法是調整心態積極面對，千萬不要認為擺脫環境就可以擺脫困境，殊不知，真正的困境源於自己的不成熟。聰明的人會先思索這個道理，然後去適應環境再利用環境；愚蠢的人才會抱怨環境，並幻想換個環境。

幻想三：依賴他人

很多女孩在出社會前，很少自己做決定，不管是穿衣、吃飯、就學等，都是由父母包辦的，因此就養成了凡事依賴他人的習慣。「依賴他人」是許多員工在工作中的一種「心理藉口」，他們過於在意他人的贊同或反對。獲得贊同，就產生工作積極性；遭到反對，就一蹶不振。

為了更好的在這個世界上前進而去尋求他人的贊同，是有益於健康並令人愉快的。不過，無論我們做任何事情，依然都有可能遭到反對，因為沒有人能使周圍的所有人都感到滿意。

拒絕幻想和白日夢最理智的做法就是明確目標，抓住機遇，堅持夢想，一步一步去努力，這樣最終才有可能實現自己的夢想。

乖女孩沒糖吃，女人要「壞」一點

從幼稚園起，女孩就被強行灌輸一種思想：要做乖乖的好女孩。主流文化並不鼓勵女人爭強好勝，因此女人以為只有乖巧、和氣才能穩操勝券。

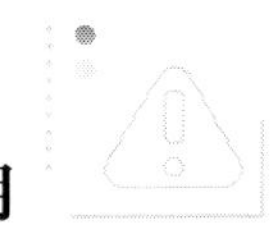

因此，好多女孩子從小就很聽話，循規蹈矩，總是做「被允許」的事，從來不會拒絕別人。不過，當一個女人認為無論受到什麼待遇都必須乖巧時，就有問題了。因為這意味著女人的乖巧要以自我克制為代價。

在這個詞語含義變化莫測的時代，「壞」女人在每個人眼裡都有不同的理解，並非指心狠手辣或者劈腿或者對男人有虐待情結之意，而是與乖乖女相對立、外表亮麗、內心堅強的女人，讓男人神魂顛倒的魅力女性。

那麼怎樣如何使乖乖女從社會規範和作繭自縛中走出來呢？一起來看看下面的法則和案例吧。

經濟獨立

如果女人在經濟上不能自立，將永遠得不到別人真正的尊重。許多女人都有一個共同的夢想，那就是有一位身穿盔甲的騎士願意替自己支付所有的帳單。問題是，如果他支付了之後，就會對女人發號施令。

即便你正在和一個非常成功的男人約會，你也要讓他知道——如果你受到了虐待，你會毫不猶豫地收拾行李，搬出豪宅，住進自己的單身宿舍。

堅持自己的個性

如今的社會，堅持自己的個性，就是防止在平庸的人潮中迷失。堅持做最真實的自我，在該說不的時候勇敢地說出來。

曾有一位節目主持人，她總找不到自己的風格定位，一開始時想學習前輩甜美的風格，卻怎麼也學不來，最後還落得一個東施效顰的後果。後來，在同事的提醒下，她發掘出自己幽默搞笑的主持風格，贏得了觀眾的認可，培養了一大批忠實的粉絲。

隨意放鬆的狀態

有時男人故意不打電話給女人，其實他們只是想看一看女人的反應，試探一下你們之間關係的深淺，這是男人的一種本能反應。請盡量別說：「你為什麼不打電話給我」或者「為什麼一個星期都沒有你的消息」。假如女人表現得若無其事，反而是最令他們折服的祕方。

男人尊重說話簡明扼要的女人，因為男人之間的交流就是如此。聰明的女人

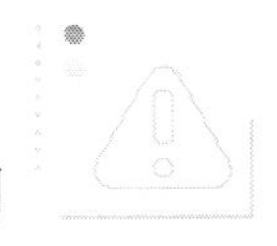

會採用直奔主題的方式，而乖乖女則不同，她們會把整顆心都掏出來，可是男人什麼都沒聽到，反而讓他們看透了這些女人的貧乏。和外人初次見面時不要滔滔不絕的說話，這會顯示你很自卑；也不要因為緊張而不停的說話，保持冷靜和從容會使你更有吸引力。

真正享受愛

乖乖女容易犯下誠實的錯誤，而有些問題，如果誠實回答只會降低自己在對方心目中的魅力。

當男人向女人炫耀過去的情史時，怎麼辦？女人要說：我不是你提到的那些人，請不要告訴我其他女人的事。如果此刻女人表現出和那些女人爭風吃醋的話就是在貶低自己。

堅持原則

女人不要太乖，但是要善良，要有自己的原則，對於不公平的事情，也要有反擊與反抗的意志。至少，在你年輕的時候，就要樹立自己的原則，可以逆來但不順受。選擇人生道路時，一定要自己做決定，不要人家說哪裡好就到哪裡去，等發現走錯了再怪他人都已經來不及了。

瞻前顧後的乖乖女，會很在意輿論的壓力，可能導致錯過本該擁有的美滿婚姻和愛情。現實生活中也一樣，如在升學、就業、擇偶的選擇上，是盲從於外界的壓力還是該聽從內心的召喚？事實證明，女人就要堅持「敢作敢當」、「不後悔」的原則，認真地活出自己的風采。

使點心計，主動一點

乖乖女總是顧及面子、尊嚴等，從而錯過喜歡的事物和人；「壞」女人就不一樣了，她們能夠熱烈追求自己喜歡的事物和人，能夠拿得起放得下。

都說「女追男隔層紗」，但要想捅破這層薄薄的紗又不失尊嚴，「壞」女人就要小小地使用一點「心計」，多創造一些在眾人面前共處的機會，如邀他參加你的生日派對，結伴同遊等，從而給雙方互相深入了解的機會，還可見機行事地在適當的場合暗示你的愛慕之情。

不過，女人的主動要有分寸和底線，在時間上不要拖太久，理論上最好不要

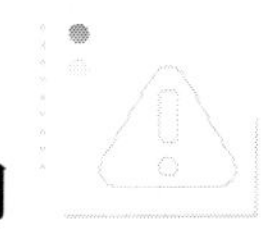

超過三個月。

女人一定要獨立——自己才能救自己

很多女人在結婚之後，就把男人和家庭當成生活的全部，而放棄尋找屬於自己的空間。

對於未來，誰都不能保證什麼，誰也不知道明天會發生什麼，今天他還是你的枕邊人，明日說不定就不是了。

小林是一位三十歲的女性，剛生完孩子，老公經營著一家小型企業，在外人看來經濟條件挺不錯的，並不缺她賺的那一份錢。

某日小林在電話中告訴好友，她已經重返職場了，這令她的好友驚訝不已，小林這才對好友說出了心聲：我再也受不了在家裡等待的生活，再也受不了自己像怨婦一樣！所以在寶寶三個月大的時候，我就出去找工作了。有了工作，我就閒不下來了，也沒時間理會老公的忙碌，再也不必因為他的晚歸而耿耿於懷，弄得自己不開心。

上班後，每天打扮得漂漂亮亮的去工作，工作中每有成果，別提有多開心了！

女人，還是要克服依賴性，培養自立、未雨綢繆的能力，無論發生什麼事，都能夠養活自己。

要有工作要有錢

女人一定要有一份工作，有穩定的收入，只有經濟上的獨立才能保證人格的完整。別聽信男人的話，說什麼「你在家享福，我來養活你」，這是愛的諾言，但也容易被日常生活磨滅了當年的熱情。當女人事事都向男人伸手要錢的時候，心理上也必定先輸了一截。

因此，女人不論在什麼時候，都要為自己的事業全力以赴。儘管這時候的你是最累的，既要做個好媽媽，做個好老婆，還要是個好員工。

當然，也不是每個女人都要有這種強烈的事業感，但至少可以做一些自己感興趣的事情。

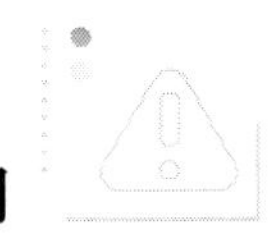

活到老，學到老

(1) 世界上沒有永久的知識

未來社會的競爭，必將逐漸從知識競爭轉向學習能力的競爭。知識就是力量，只要你堅持不懈地學習，知道得越多，就越會有力量。這對你的成長和事業的發展是非常有價值的。

(2) 人就是在不斷的學習中發展和壯大起來的

很可惜，好多女性，在成家之後，就放棄了讀書和思考，回到家就是電視+沙發+零食的休閒模式。

(3) 多讀書，多思考

多讀書，多思考的好處到二十五歲以後才會逐漸顯現。知識改變命運，而伴侶只能改變你的生活。不要忘了抽空多讀書和報紙，時尚雜誌的數量最好不要超過百分之四十，多讀一些人文社科類的文章，至少，也要讀一些自然科學類的文章以豐富自己的大腦。

誰說女人不如男人

女人要堅信不管是在生活中還是在職場中，並不只有男人才能有成就，現在女性的思想都很新潮，成功的女人在各行各業中都有出現，只要女人努力了，她們同樣可以在男人的世界裡穿梭。

女人的資本有很多，在職場中女人略顯優勢，女人會發揮出自己獨特的優勢去拚搏，她們都是美麗的，幹練的氣質、強硬的態度都可以讓男人臣服。女人不要總想著在廚房發展，有能力的女人才能夠讓男人們欣賞，現在不流行家庭主婦的角色了，外面有更大、更精彩的世界等待著女人去追求。

誰說女人不如男人？努力吧，只要你擁有了屬於自己的天空，還怕這片天空沒有白雲嗎？只要你是一個才華出眾的女人，還怕優秀的男人不欣賞你嗎？

動情前先動腦——聰明女人會戀愛

有些女孩子陷入感情之後，總會被好友批評為智商急遽下降，變成了愛情「白痴」，如同歌詞中所寫——「自從有了你，世界變得好美麗」，愛上他便是「我

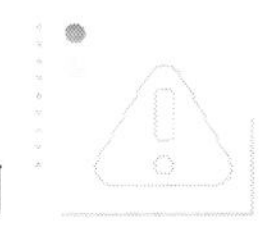

的眼裡只有他」般義無反顧，為愛痴狂而失去了理智和頭腦。因此，便有了女人是「感性動物」的說法。動情是要有付出和風險的，經濟學家告訴我們，風險和收益是成正比的，所以女孩在動情之前要先動腦！

小蔡透過相親認識了某男，覺得經濟條件、外型、教育程度等都相當不錯，因此在相處了一個月後就開始交往了。

可惡的是，交往之後，她發現曾經風度翩翩的某男完全變了，開始變得自私、冷漠、以自我為中心，最讓小蔡受不了的是，他竟然猜疑心重到偷看小蔡的簡訊、跟蹤她的地步。

但是，她已經和他有了感情，所以現在很困惑，如果分手是不是太早了點？是不是應該再觀察一段時間？

小蔡的失誤在於光環效應影響了她對男人的判斷力。所謂光環效應，是指對他人的第一印象占到整體印象的重要性。

避免光環效應

第一印象往往和對方的外表、著裝、言談舉止等有關，而判斷男人時尤其要避免光環效應。

二十多歲的女孩，涉世未深，容易在電視劇中樹立對理想異性的概念，總覺得溫文爾雅、瀟灑多金的公子哥就是「夢中情人」，因此在現實生活中去判斷異性的價值時，也容易被對方的外表所迷惑。

有些男人認為有了金錢就能吸引女人，因此就會裝成有錢人。而真正有錢的人是怕人惦記的，往往很低調。開口閉口說自己有錢，愛炫富的，通常不是為老闆開車的司機，就是暴發戶，兩者都不可選。

聰明的女人會給自己和對方相處的時間，對對方的人品、能力等進行細細考察，識破男人在自己面前的偽裝，看看自己和對方是否適合，之後才會投入自己的時間和感情。

不幸的女孩往往容易迷失在對方布下的「迷魂陣」中，一旦動情就全身心投入到所謂的「轟轟烈烈」中，等到清醒的時候，大錯已經鑄成，後悔也為時已晚。

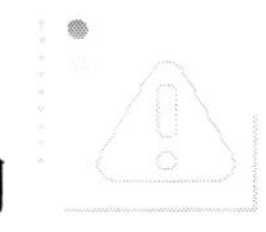

累積判斷力

識別好男人和「偽裝男」這種本領不是天生的，而是在後天的學習和社會化過程中逐漸累積出來的。

增強判斷力需要什麼？當然是知識。因此要學好知識，而這往往需要在社會學裡將人際學、經濟學等自修得頗有建樹，才能夠有自己的判斷力。

聰明的女人不依賴人，但懂得「利用」人

獨立、理性是新時代魅力女人的標籤，而依賴是個令人討厭的貶義詞，恐怕沒有人會願意被評價為「依賴」他人。但是，聰明的女人能夠在工作和生活中，合理利用自己的女性魅力，做到利己不損人，取得事業和愛情的雙豐收。

利用女性的魅力聲音

慌張又刺耳的聲音往往讓別人感到神經緊張。如果能將聲音放得稍微低沉一

些，速度控制得快慢適中，並且透過一些短小的停頓來引導聽你說話的人，便能夠輕易贏得談話對方的好印象。

在海外有專門的職場聲音教練，他們給出的最基本的一條建議是：「在談話時，將身體放鬆，並且要好好地控制自己雙腳的位置。」也就是說，如果我們能夠在說話的時候保持身體挺直，並將身體重心平均地分配到雙腳上，我們的言談就能夠給別人帶來更深刻的印象。

利用女性的優雅姿勢

法國一位專家這樣說過：「不要小看一個能夠長久保持優美身材的女人，這是一個頑強和很有毅力的女人。」這就是說，女人美麗的身影背後不僅僅是形體的問題，提升女性魅力也不僅僅是漂亮的問題，其中還有諸多的女性內涵和外修的「禪理」。

做一個有魅力的女人，最直接的表現形式之一就是步態美。科學證明，保持抬頭挺胸、肘稍屈的走路姿態，不僅姿勢美觀，而且能使身體的大部分肌肉群參與運動，促進血液循環。當穿著套裝的你耷拉著眼皮，慢吞吞地走過整間辦公室時，肯定會在老闆心中留下沒有睡醒、對別人不加理會或是唯唯諾諾的壞印象。然而，你若很輕鬆地挺直腰板快步走進辦公室的話，則不會給人留下那種壞印象。

利用女性的祕密武器——微笑

微笑是人際間的語言，能使干戈化為玉帛，能在人際交往中造成很好的親近作用。女性的微笑是最好的介紹信，是傳遞熱情、攜帶溫馨的佳作。在交際的過程中，對已相識的人微笑，表示你的誠意；對素不相識的人微笑，表示你的隨和；對曾言語刺傷過你的人微笑，表示你的寬容。

當進退兩難的尷尬場面出現時，女性要善用微笑去沖淡緊張的氣氛，取得周旋的餘地，把握主動權。有時微笑可以代替語言。當一個女人對一個正在發火的男人微微露出笑意時，男人心中的壁壘將悄然冰釋，微笑帶來的訊息會像一股清泉流進他的心田。

利用女性親和的溝通能力

女性具有善解人意的情感和協調溝通的能力，聰明的女人能充分發揮這一優勢，將其特點有機地融入到領導和治理的藝術中，這種關愛、體貼的情感與現代治理科學理論——以人為本的思想高度一致，有效地增強了團隊的親和力和凝聚力，協調了複雜的人際關係。

英國第一位女首相柴契爾夫人在處理繁雜的國家事務中十分堅強、果斷、幹練，而且對同僚也十分和善體貼，時常噓寒問暖，有人生病了或家中有親人病故，她都會親筆寫信問候，有時還親自下廚為同僚準備晚宴，所以她的部下說：我們為她工作經常通宵達旦，廢寢忘食，雖得不到高額報酬，但我們都願意盡忠盡職。

女人可以不夠美麗，但必須獨具魅力

美麗是天生的，是父母賜予的資本，但對於聰明的女人而言，必須在生活中修練氣質，打造屬於自己的魅力天空。

擁有品味

女人到了二十幾歲後，就要開始學著用心經營自己，主要是在自己的外表以及涵養上。每一個女人都是特別的，都應該有自己獨特的品味，可能很多女人會覺得品味是與時尚或奢侈品掛鉤的，其實不是，品味是一個人在觀察事物時的態度。同樣的東西，不同人的眼光下會出現不同的版本，物品本身的價值與品味的高低是沒有關係的，女人要用自己的目光去欣賞一件東西，用高級的品味去挑選東西。

在某些程度上，一個人的品味與她的氣質是相輔相成的，品味的高低取決於在日常生活中對新事物的發現，品味是自己獨特的味道，每個女人都要有自己的品味。即使是一件廉價的飾品只要你能戴出屬於它的另類，也能夠表現出自己的品味。平時可以多看看時尚雜誌，提升一下自己對服飾等的欣賞度。

腹有詩書氣自華

在與他人交往的過程中，談吐與修養是最能征服別人的。一個不喜歡看書的女人很難充滿智慧。閒暇的時候，多去書店逛逛，認真挑幾本可以提升自己的書籍買回家閱讀，不管是名著還是理財方面的或是勵志方面的，都有值得我們學習的地方。書可以讓人的生活豐富，也可以讓人的思想改變，閱讀一本好書，勝過擁有一位優秀的老師。

喜歡看書的女人通常沉靜且有著很好的心態，因為在書籍的海洋裡，可以大口吸收著營養。喜歡看書的女人通常是出口成章且優雅知性的，因為在知識的世界裡，女人可以全面武裝自己。

認真閱讀可以讓心情平靜，而且書籍裡隱藏著很多樂趣，當邂逅一本感興趣的書時，心情是愉悅的，而且每一本書裡都有其智慧，閱讀過的書籍都會成為社交中的資本。

合適的書籍能夠教會女人很多哲理，以及使女人學會如何以平和的心態去迎接生活中的痛苦或快樂。

快樂幽默的心境

有些女人因為情感或工作上的挫折而讓自己陷入不幸的思想中，從而導致她

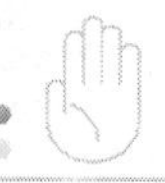

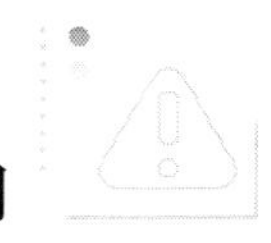

們成為悲觀的人，不管做什麼事情都恐懼、怕輸，或是覺得自己不會成功。

悲觀永遠都是成功的阻礙，想成功的人都是樂觀的人，只有積極向上的心態才會讓生活變得美好，只要你努力了，社會一定是公平的，不要抱怨生活，否則只能證明你自己沒有真正努力過。

生活中會遇到很多不公平的事情，也會遇到很多讓你無法接受的人，如果不能改變別人，與其憤怒的大聲指責他們的行為，不如懷著理解的心態給對方一個微笑，任何一個人都不會去傷害一個善良的人。有時聲嘶力竭的與別人爭論並不能贏得所謂的自尊，反而讓你丟掉自尊。

女人一定要嫁好——你距幸福只有一張紙

常聽人講，婚姻是女人的第二次投胎。人們為何至今仍對灰姑娘麻雀變鳳凰的故事津津樂道，女明星的婚姻狀況為何是大眾熱議的話題？究其原因，不外乎女人經歷「第二次投胎」後，社會地位、經濟狀況等發生了劇變。

有人說：當今社會工作壓力大，女人學得好不如長得好，長得好不如嫁得好。此話一出，輿論界一片譁然，雖說言辭調侃，但至少也反映了一部分「女人恨嫁」的社會現實。

男人的責任心最重要

縱然司馬相如再有才氣，最後還是辜負了和他私奔的髮妻，所以應該對這樣的男子蓋上「無家庭責任感男」的印跡。所謂責任心，就是對家庭、對他人、對社會的一種責任感。男人並不一定非要有魁梧的體格、英俊瀟灑的外表，也不一定非要家財萬貫，但一定要對自己的伴侶和家庭負責任。

選擇和放棄都需要勇氣

人生就是由大大小小的選擇構成的，小到穿衣、吃飯、說話，大到學習、就業、擇偶等。無論選擇或放棄，都需要一種義無反顧的勇氣，一種對待無可奈何的淡定，一種堅持原則的堅定。找一個有責任心的人，一個有能力愛的人，而不是一個愛無能的人。

就算眼前的這個男人千般好萬般好，處處都是優點，可是他不愛你，這個缺

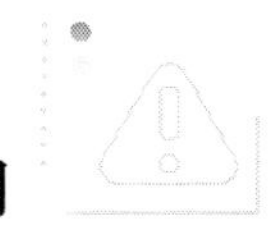

點你永遠改變不了。學會理智放棄，是一種更深沉的愛護，是一種智慧，更是有勇氣的表現。

發掘愛，培養愛

發掘自己內心愛的能力，真正去愛一個人，那麼你就離幸福不遠了。愛是一種需要我們終身學習的行為方式和能力，它與其他能力一樣，都是可以學習和培養的，因而學會如何識別愛、表達愛、拒絕愛、接受愛都是女人應面對的重要課題。

一個人心中有了愛，在理智分析以後，要勇於表達，善於表達，這是一種愛的能力。一個人在面對他人施愛時，能及時、準確地做出判斷，並明確給出是接受、謝絕或是再觀察的選擇，這也是一種愛的能力。

對自己不願意或認為不值得接受的愛應該有勇氣加以拒絕。拒絕愛時要注意兩個方面：一是在不希望的愛情到來時，要果斷、勇敢地說「不」；二是要掌握恰當的拒絕方式，雖然每個人都有拒絕愛的權利，但是珍重每一份真摯的感情是對他人的尊重，也是對自己的尊重，同時也是一個人有良好教養和情操的表現。

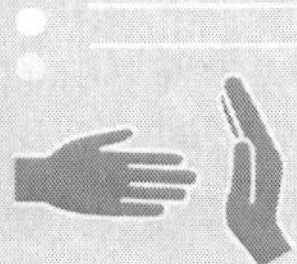

第三章　心態決定男人的一生

擁有好的心態，可以讓男人更加自信，所以明白男人應具備的心態，以及男人的心理特點，對於解決問題、思考問題都非常有幫助。

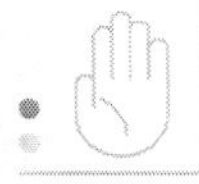

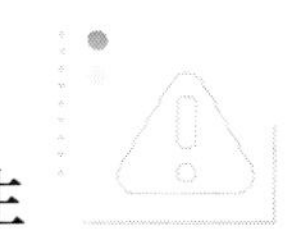

成功的真正含義

字典對成功的解釋是：達成所設定的目標；是人達到自己理想之後一種自信的狀態和滿足的感覺。生活中，我們每個人對於成功的定義都是各不相同的。但是，到達成功目標的道路都需要付出艱辛的努力。愛因斯坦有一個公式：A＝x＋y＋z，其中A代表成功，x代表艱苦的努力，y代表正確的方法，z代表少說廢話。

心理學家馬斯洛把人最高層次的需要描寫為「自我實現的需要」。實現自我價值的道路也是成功者的必經之路，他們能清楚地了解自己做每一件事情的目的。成功者雖然重視事情的結果，但更重視事情的目的，而清楚的目的有助於他們實現結果並享受過程。

有個男孩的家庭作業是採訪爸爸，然後寫篇作文。他問爸爸，你的夢想是什麼？爸爸說：「我只有三個願望，第一個是吃得下飯，第二個是睡得著覺，第三個是笑得出來。」兒子聽後不以為然：「我們同學的爸爸都夢想當大官、發大財、出大名，你的夢想卻這麼可笑！」

成功的真正含義

人生誰都有夢想、有願望，當大官、發大財、出大名是多數人追求的夢想，誰不想做出一番驚天動地的事業？誰不想香車寶馬、前呼後擁？誰不想雁過留聲、流芳百世？不過，即使真能如願，也未必能實現這位普通爸爸的三個願望。

試想，有了官位，未必就沒有煩心事，未必就能「夜半敲門心不驚」，未必就能吃得下飯、睡得著覺、笑得出來。有了財富，又要為守住財富而擔驚受怕，又要擔心賊會惦記著，還要擔心做生意會不會賠了。有了名聲，又要為保住名聲而瞻前顧後。這樣，就很難吃得下飯、睡得著覺、笑得出來了。

不同年齡、不同階層的人對成功都有各種各樣的解釋，成功的不同定義涵蓋著人們對於理想、奮鬥目標的追求。

芸芸眾生，究竟怎樣評定成功呢？什麼人才算是成功人士呢？

財富並不是成功的象徵

對成功人士傳記的描寫中，最多的就是寫在事業上的成功，個人資產的遞增，生活方式的改變。

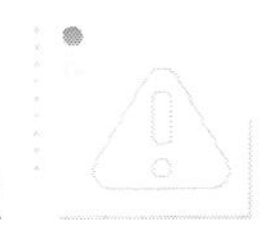

這個社會毫不掩飾對財富的渴望和追求。《富比士》與《財富》、《商業週刊》和《經濟學人》齊名，乃財經界四大雜誌之一，雜誌內推選的富比士富豪榜、全球最有影響力人物榜等影響範圍遍及全球。

但是，成功並不是用金錢來衡量的，成功的含義要遠遠高於金錢。很多剛剛畢業的年輕人往往會誤會這些報導和榜單，把它們當作成功的標準。其實這些只是從某方面對人的肯定，並不是成功的象徵。

家庭和睦幸福是成功的標準

股神巴菲特感嘆道：在你的一生中，如果有人能夠不惜個人安危來幫助你，那你就是個成功人士了。當你年齡一大把時，還為家人所愛，你就是個成功人士了。

股神談到的成功的標誌是：家庭幸福、身體健康、擁有友情，獨獨沒有提到的是那些人們公認的成功標準——擁有巨資和事業有成。

家庭是社會的細胞，是每個人的溫馨港灣，除去工作之外，人的一生大部分時間都生活在家庭中，人的思想境界和價值取向，難免都深深地打著家庭的烙印。

家庭和事業的關係是相互影響、相互促進的。一般而言，家庭教育有方、家庭關係和睦融洽的，個人在事業上往往容易取得成功。「修身、齊家、治國、平天下」是古代不少聖賢的崇高追求。我們現在常說的「家和萬事興」，講的也是這個道理。

因此，幸福的滋味，也就是成功的滋味，只有吃得下飯、睡得著覺、笑得出來的人才能品味出來。

儲蓄人脈的心態

馬克・吐溫曾說過：「結交朋友最恰當的時期，是在你感覺需要朋友之前」。有人把人脈比作「存摺」，這是因為人脈和資金的儲蓄一樣，都是為了將來做準備。

如果想等到「以後」或「有需要時」再「找關係」，「關係」就永遠不會來臨。等到「有必要」時才想到開始建立人脈，注定為時已晚。

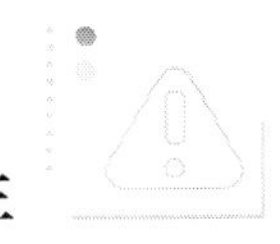

結識人脈要早

創造自己的人脈網，一定要記住「宜早不宜遲」的原則，它應該和一個人的事業同時起步。不僅如此，起步越早，拓展人脈就越會成功；起步越晚，則越容易變成走不出小天地的「井底之蛙」。

很多職場新人會覺得：自己人微言輕，也不能給別人帶來實際利益。「要人」憑什麼認識自己呢？還是等著自己有一些工作業績，成為獨當一面的「專家」，時再拓展「人脈」應該更方便些。其實不然，每個人都有別人不能替代的價值，對他人來講，就是具有「可交往性」。

如果一個人有專長、有業績，是一種可以為別人服務的價值；而如果一個人年輕、有潛質、有幹勁，更是一種珍貴的價值。

人情儲蓄

在銀行裡開個戶頭，你就可儲蓄閒散的資金，以備不時之需。與人聯絡感情，拓廣人脈，就好像在銀行存款，存得越久，你可以獲取的紅利就越多。

能夠使你的人脈存摺儲蓄不斷增加的，是禮貌、誠實、仁慈與信用。在你的人脈存摺中存入較多的人情儲蓄，將會使別人對你更加信賴，必要時能發揮相當大的作用，甚至犯了錯也可用這筆儲蓄來彌補。有了信賴，即使拙於言辭，也不至於得罪人，因為對方不會誤解你的用意，所以信賴可帶來輕鬆、直接且有效的溝通；反之，粗魯、輕蔑、威逼與失信等，會降低感情帳戶的餘額，到最後甚至透支，人脈資源就會出現問題了。

儲蓄人脈的基本心態

按時還款的信用卡能夠積累你的信用評分，提升信用額度，也會讓你盡享信用卡方便、優質、高效的服務。同樣，提高人際間的誠信信用值，也就有了結交朋友的資本。

在市場經濟條件下，誠信是一個人的資質記錄，是指一個人負責任的能力，更是一個人成功的必備品德。無論是夫妻、朋友、同事或是陌生人，良好的溝通與交流講求的都是真情流露，這是建立在真誠表達的基礎上的。

如果能夠憑藉良好的誠信，恪守承諾，讓別人心裡承認你的價值，那麼你離

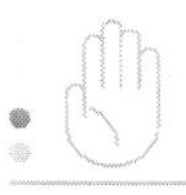

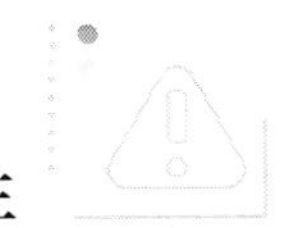

成功也就不遠了。

扮演好自己的角色

在紛繁複雜的人際關係舞臺上，每個人都身兼數職，既是演員，又是觀眾。每天都在扮演不同的角色，又不停地變換著角色。因此，演好自己的角色，就能夠擁有一張寬廣無限、伸縮自如的關係網。

社會生活中角色的多樣性，需要我們在各種角色中自如轉換。假如你是一位公司經理，對屬下嚴格要求無可非議；同時，你在家中又是一位父親、一位丈夫，就要對孩子細心照顧，對妻子溫柔體貼。如果把管理員工的鐵面無私應用到家庭中來，只會破壞家庭和諧；同樣，在朋友面前也要收起鋒芒畢露的風格，學會與他人平等友愛相處。

在恰當的環境中，如何演好自己的角色？首先要認識自己，對自己有合理、清晰的定位，以和為貴，禮待他人，這樣你的人脈網會通往成功的金色大道。

說話做事的心態

說話做事展現了一個人的行為方式、個性特點、教育程度，它和生活閱歷、人生態度等有關，當然，也和後天的環境、自我塑造有密切關係。那麼，什麼樣的待人接物的方式才是有利於成功的呢？

己所不欲，勿施於人

「己所不欲，勿施於人」指的是當自己要對他人做什麼事時，先想想自己是否願意遇到這種事，如果自己不願意，就不能對他人做這件事。從人際關係的角度來講，就是要學會換位思考，體諒他人。正如哲學家所指出的，自由有兩種：積極自由（自由的做什麼，即 free to）和消極自由（免於什麼，即 free from），而後一種自由往往更重要。

把自己看重的價值給予別人，很可能會導致以為他人造福的名義實施對他人自由的剝奪。例如，送禮給親友的時候，不要僅從自己的角度出發，認為這個禮物他們應該是喜歡的，而要多從對方的角度考慮，親友們最需要的、最想要的禮

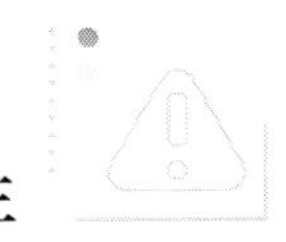

物是什麼。

在人際交往過程中，說話的分寸也要做好適度掌握。要了解和觀察別人的需要，由於動機不同和興趣愛好的差異，你喜歡的別人可能討厭，你厭惡的別人有可能喜歡，因此若站在對方的角度，設身處地地為別人著想，將心比心，則可使人減少許多誤會和不愉快。

尊重他人、理解他人，最終的目的是達到社會和諧，人與人能夠和睦相處。任何個體都是社會中的人，尊重他人、理解他人、建立和諧的社會，其實也就是在保護自己，而最大的受益者也是自己。

寬恕是美德

當別人做了錯誤的決定時，能否寬恕他們，最能展現一個人的心胸是否寬闊。寬恕就是不計較，事情過去了就算了。每個人都會犯錯，如果執著於過去的錯誤，就會形成思想包袱，進而不信任、耿耿於懷，限制了自己的思想，也限制了對方的發展。

即使是背叛，也並非不可容忍。能夠承受背叛的人才是最堅強的人，並將以堅強的心志占據主動，以威嚴給人以信心、動力，因而更能防止或減少背叛。

寬恕就是忍耐。同伴的批評、朋友的誤解，過多的爭辯和「反擊」實不足取，唯有冷靜、忍耐、諒解才最重要。相信這句名言：「寬容是在荊棘叢中長出來的穀粒。」人際交往中，互相後退一步，會覺得天地寬闊了許多。

當然，寬恕也需要技巧。給一次機會並不是縱容，也不是免除對方應該承擔的責任。任何人都需要為自己的行為負責，任何人都要承擔錯誤的後果。

恪守諾言

人際交往中，向朋友許諾是常有的事情，而且許諾的確可以達到預期的效果。但是，許諾的話好講不好辦，對應允他人但自己又無力去辦的事情，會導致自己的「信任危機」，與其這樣，還不如當初就不要「打腫臉充胖子」，不要隨便對他人許下諾言。

古人云：「禍莫大於無信」。因此，在對他人許諾的時候，不能光憑想像去許諾，要考慮自己的能力範圍，給自己留下迴旋的餘地，在兌現諾言的過程中，也要及時和對方溝通事情的進展情況，以獲取對方足夠的信任。

塑造你的影響力

影響力，一般而言指的是用一種為別人所樂於接受的方式，改變他人的思想和行動的能力。影響力又被解釋為策略影響、印象管理、善於表現的能力、目標的說服力以及合作的影響力等。

一個人的影響力的高低取決於他的權力、地位、知識、品德、個人魅力等。那麼，我們該怎樣塑造個人影響力呢？

正向的個人價值觀

正直、公正、信念、恆心、毅力、進取精神等優秀的人格特質無疑都會提升你的影響力和個人魅力，從而擴大你的追隨團隊。你的個人價值觀會吸引具有同類價值取向的人凝聚於組織，增加對組織的認同感和歸屬感；同時，你的人格和價值觀還會潛移默化的影響組織成員，成為組織默認的行為標準。具備優秀價值觀和人格的人會使組織成員對其產生敬佩、認同和服從等心態，其影響力無疑也會提高。

良好的溝通能力

良好的溝通能力是影響力的橋梁和翅膀，在準確傳達你的意見、要求、決策的同時，也廣泛傳播了你的影響力。溝通能夠使人更加準確地了解資訊，預防盲目決策；溝通還能使自己的行為具有良好的合作氛圍和管道，促進決策的實施。

培養溝通能力的第一步是要學會傾聽，耐心體會別人的意圖、情緒、情感以及言外之意，然後對事實或感受做正面反應，不要有牴觸情緒，清晰、明確地給對方回饋。平時多練習自己的語言組織能力，如快速總結一段話的中心思想；婉轉地傳遞情緒；學會因人而異的表達等。

掌控自己的情緒

人的情緒狀態會影響人對訊息的接收和過濾，因此為了塑造影響力，還要學會控制自己的情緒，做情緒的主人。情緒不穩定的時候，容易干擾判斷力。例如，當你情緒激動或緊張時，理智的思考可能會被情緒所矇蔽，擾亂你對人對事的態度；如果你對某人抱有強烈的反感，可能會在與他溝通時，摻雜私人情緒。

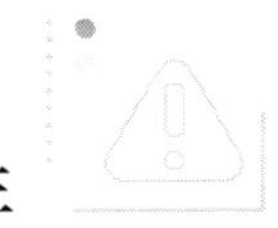

同樣，當你對某事特別感興趣時，你的態度可能也會因此而受影響。

九種成功的基本心態

擁有積極的心態，你就成功了一半。因此，必須培養成功的心態，並且堅持下去，才能成就大事。下面讓我們來看看成功人士所列出的經驗，並予以借鑑。

不被失敗經驗所累

動物園裡的大象還很小的時候，就被管理員用繩子拴住了，它拚命地掙扎也沒能夠掙斷繩子，於是小象放棄了。後來小象長大了，有一次動物園裡發生了一場大火，大象被活活地燒死在拴它的柱子上。顯然，大象被過去的失敗經驗限制住了，放棄了逃跑的努力。

想想你是否也有過「一朝被蛇咬，十年怕井繩」的經歷，是過去的挫折和失敗打敗了你的自信心。因此，要想成功，就要學會遺忘。遺忘過去失敗經驗的所有連繫，消除腦海中那些曾經的糗事、失敗的陰影等和成功心態背道而馳的所有不良因素，這樣才能夠避免消極暗示，重新樹立信心。

立刻行動

自然界的生存法則告訴我們：誰快誰生存。同樣，在資訊時代的今天，誰快誰就贏。因此，確立自己的目標後，沒有什麼比立刻行動更能展現你的熱情。制定詳細的計畫，從當下開始努力。永遠盡可能準備好資源，隨時準備抓住機會，並快速出擊。

成功的普遍性法則：多做，快做，動腦筋變著花樣做。一邊實踐，一邊發現自己的問題，隨時解決，向最終的目標衝刺。

嘗試改變

有這樣一個實驗：把一隻青蛙扔到沸水裡，在頃刻強烈的刺激下，青蛙能夠迅捷地跳出去，最終死裡逃生。但是，如果把青蛙放到溫水中慢慢煮，等到發現危險來臨時，它已經無力逃脫了……職場中的人們，每天做著重複的工作，面對壓力的神經也已經逐漸麻木遲鈍，如果安於現狀，無異於「安樂死」。

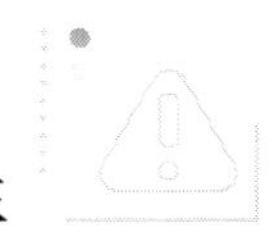

此時所要做的就是嘗試著去改變自己的思考、處事方式和行為習慣，將會有意外的驚喜發現。例如，上班途中走一條新路；和你冒犯過的人聯繫，並向他誠摯的道歉；嘗試接受善意的建議；從新的角度思考問題；參加研討會或專業論壇等。

避免消極評論

金無足赤，人無完人。在生活工作中，任何人難免都會失誤或犯錯，並因此陷入尷尬的境地。這時給別人一個臺階，是為人處世應遵循的原則，也是建立良好人際互動關係的潤滑劑。例如，避免對他人的負性評論、吹毛求疵、閒言碎語、抱怨指責等傷害他人自尊、名譽的行為。

信任合作夥伴

堅持「疑人不用，用人不疑」的信條，對和自己共事的人要給予充分的信任，給對方充足的發展空間和機會，達到雙贏的合作目的。一個社會的運行必須以人與人的基本信任做潤滑劑，不然，社會就無法正常有序地運轉。

信任是加速人體自信力爆發的催化劑，只有在信任基礎之上放手使用，才能最大限度地發揮人才的主觀能動性和創造性，有時甚至還可超水準的發揮，取得自己都不敢相信的成績。

慷慨回報

對於曾經給過你幫助的人，以相同或更高的價值回報，也應了古人言「滴水之恩，當湧泉相報」。慷慨是表達善良的極佳方式。慷慨的人不會令身邊的人覺得他或她是個威脅。當人感覺不到任何競爭的時候，自己就會停止競爭，開始合作，這樣就能令所有人受益。心底保留感恩的準則，會使人心靈平靜，不會迷失自我。

誠信是法寶

樹立自己的誠信是在經營人際關係中的一張通行證。擁有誠信，比擁有家財萬貫和顯赫身世更能獲得人們的擁護。誠信不但可以讓別人信任你，還可以獲得別人的支持，同時也可以讓你自己的生活變得更加安定，更重要的是它可以讓你

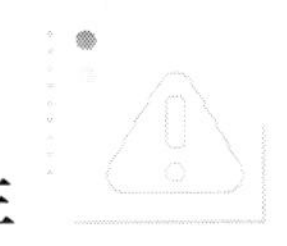

的內心變得非常踏實和安寧，這種安寧就是成功者重要的法寶。

持之以恆

不管是做事業還是經營人際關係，都不能急功近利、追求短期效應，而是要保持持之以恆的精神。同樣面臨風險和考驗，你比他人多堅持了幾日，你贏的比例就會高一些。很多人並不是頭腦不夠，也不是機會沒有把握，而是沒能堅持住。

保持謹慎

高調做事，低調做人，是說謹慎的重要性。沒錯，不管是言辭還是行動，一旦出錯，都逃不過時間的考驗，將造成慘烈的損失。謹言慎行的習慣要從日常生活的點滴中開始培養，要時刻保持警惕。

男人在職場中的心態

年輕人普遍浮躁和急功近利的心理是造成其心態嚴重失衡的重要因素。殘酷的社會競爭讓年輕人急於證明自己，這未嘗不是好事，對工作和社會都具有積極的推動作用。

「我覺得公司高層似乎對我的工作表現視而不見。」

這是職業男性的普遍煩惱：才華不被重視，抱負無法施展，奮鬥成果被一再忽略，一個人的才氣、熱情和鬥志被這些煩惱一點點耗盡。

因此，男性在職場中如何保持一種自然、寬容的心態更為重要。

避免急功近利

急功近利表現為各行各業的人都急著賺錢，忽視了自身長遠利益的發展。由於男人的傳統角色是擔負起養家餬口的重任，因此在職場中更容易急功近利。

例如，有些老師即使寫了不少文章，但由於在學術上沒有什麼大的突破，缺乏原創性，其價值也是微乎其微；有些國家在經濟發展時，採取急功近利的行

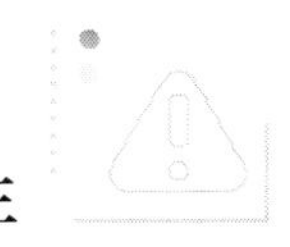

為，結果很可能就是GDP上去了，卻犧牲了環境、浪費了資源、忽視了和諧發展；有些大學生剛畢業就吵著買房買車，頻繁跳槽，恨不得一天就變成富翁。

克服急功近利的思想，首先要處理好短期目標和長遠目標之間的關係。對未來事情的發展要有充足的預見性，不能撿了芝麻丟了西瓜。其次還要對自身的實力有客觀的評價，不能因為一次事情沒處理好，就自我貶低，一蹶不振，應該看到人是需要全面發展的，進而從其他方面去體現自己的才華和能力。

平衡利弊得失

工作壓力給男人帶來了一定影響。近半數人表示，和過去的二十五至三十歲相比，自己現在將至少推遲五年以上才做父親，而且有孩子後還將更加拚命地工作；而百分之十四的人則認為只有功成名就後才能養孩子，因為孩子將帶來更大的生活壓力。當女人透過更多的對外訴說來釋放時，男人大多數卻只能選擇「死扛」的方式，結果壓力越扛越大。

其實「面子」換不來位子和銀子，男人應該客觀面對現實，職場越來越不再有性別之分，更多的應該是職業規劃的不同。多考慮未來自身的發展，多進行休閒活動而不是用加班來放鬆自己，讓職場男人找回輕鬆感。

調節情感壓力

男人在職場中的壓力有很大部分是由於無法宣洩情感造成的。由於社會對男人的期望是事業有成，因此男人是沒有退路的，他們只有在事業上取得成功才能獲得人們的認同。

男人心中如果有壓力大多是壓抑在心裡，還經常透過一些不健康的方式（如抽菸、喝酒、飆車、賭博等）自我發洩。長此以往，必然會影響他們的身心健康。

男人合理的宣洩方式有哭泣法、運動法、音樂療法和訴說等。學會調節自己的情緒情感，合理減壓，也是成功男士必學的本領。

男人的處世心態

男人是家庭的頂梁柱，是推動社會生產力發展的主要勞動者。看看全球富豪榜單就可以知道，這個社會的富人還是以男人居多。

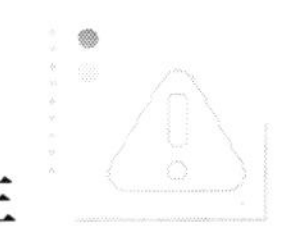

正因為社會對男人的期望較女性高，因此男人感受到的壓力也大。男人需要在工作、生活、家庭的壓力中尋求自身價值的平衡，因此究竟以怎樣的心態處世，是決定男性生活幸福的關鍵因素。

工作中的心態

有一位男性這麼說：「一年中的十一個月我都在天上飛，在公司各個國家的辦事處之間協調事務，剩下的一個月還要參加各種會議、培訓等，真是忙到手腳抽筋，可是又有什麼辦法呢，無奈啊……」他一邊說一邊誇張地攤開雙手，聳聳肩膀。都市中這樣的「拚命三郎」的確不少，他們在高速發展的經濟社會中扮演著越來越重要的角色，是優質高效工作的「代名詞」，同樣也是競爭和快節奏生活的犧牲品。

想知道自己是不是工作狂，看看有沒有以下的表現就知道了。例如，連續工作十二個小時以上、週末加班、熬夜工作、犧牲年休假等。想知道工作壓力有沒有造成身體機能的下降，看看有沒有以下的表現就明白了。例如，是否經常感到疲倦、脫髮、失眠、健忘、無心參加聚會等。如果有幾種表現同時存在，就要警惕是否是由於工作壓力過大造成的。

不錯，的確是社會競爭的壓力造成了男人「被迫加班」。但對於男人自己來說，學會調整工作中的狀態是必要的。長時間處於工作狀態時，大腦神經也早已疲倦了，工作效率也會下降，這時，適當放鬆工作速度，休息一下，和同事或朋友聊天放鬆一下，又或者是閉目養神一會兒，都會給你的身體「充電」。

同時，適當調整工作期望也能夠緩解壓力。例如，不要對自己期待過高，選擇一份和自己能力相匹配的工作，遊刃有餘地處理事情會降低心理負荷。

另外，合理地安排作息時間，嚴格執行自己制定的作息制度，使生理時鐘盡量配合工作節奏，也能從側面減輕工作壓力。例如，有人習慣在午後小憩，這就是一個好習慣，因為二十分鐘的放鬆，會使大腦如同喝了補品一樣精力充沛。

交友的心態

命運離不開友誼，事業也離不開友誼。細數成功人士的奮鬥過程，都有幾個在危難時刻伸出援助之手的朋友。

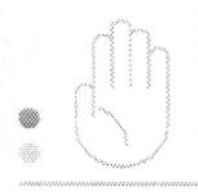

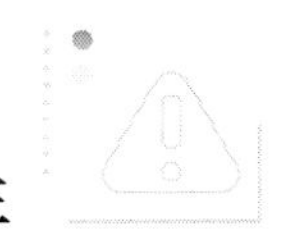

一個人要想成就一番事業，離不開朋友的幫助。朋友就是你成功路上的「貴人」。那麼，什麼樣的朋友是你的貴人呢？

首先，朋友的品行端正、知識豐富、人脈廣闊，這些無形之中都能給你潛移默化的影響，幫助你進步。人們常說：近朱者赤，近墨者黑，也指明了朋友的影響力。有了朋友的推動力，大家就可以互相鼓勵、出謀獻策，資源共享，為成功打造一個結實的平臺。

其次，朋友應該對你知無不言，能夠直言不諱地指出你的錯誤，排解你的憂愁。

男人必須「修煉」自己的內力，掌握一些交友技巧。例如，要主動熱情幫助他人；對人誠實守信；豐富個人業餘生活，發展個人愛好及生活情趣；練習幽默地表達方式；學會寬恕他人的過錯等。

對待婚姻的心態

家庭的和睦與事業的成功絕非水火不容，它們的關係是互動的，「家和萬事興」，若無力「齊家」，恐怕也無力「平天下」。工作環境、社會環境以及家庭成員之間的價值取捨、感情投向都可能隱藏和引發家庭危機，男人究竟該如何平衡衝突呢？

首先要問問自己是不是很認真地思考過怎麼兼顧工作和家庭，在將其視為自己的人生目標時，就有了動力去做一些改變。比如，晚上幾點回家？週末怎麼安排？每週有幾個晚上要在家裡用餐？是否減少晚上的業務會議等？不要小看這些看似無關緊要的行動，一旦決定要實現這些目標，就會讓家人感受到你的不同，工作和家庭之間的衝突也會減少。

戀愛中應該具有的心態

隨著生活節奏的加快以及人們心態的變化，戀愛和婚姻問題逐漸成了年輕人的大問題，很多人都生活在此壓力之下。

李伊婷和男友在大學時相戀，現在畢業兩年多了，男友對結婚絕口不提，李伊婷心裡有些失望，不想讓自己顯得好像待價而沽的商品。李伊婷每次旁敲側擊談及結婚的事情時，男友都很有邏輯回絕。「現在我們經濟能力還不足，等稍微

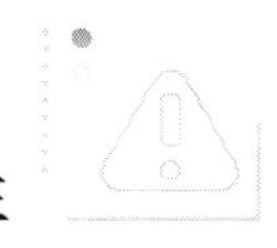

好點吧。」、「我不想依靠父母，我想以自己的實力給妳最好的生活。」

李伊婷雖然心裡還是不太痛快，但轉念一想，眼前這個男人還是很有責任心的，至少一切都是為了自己好。

父母一催再催，李伊婷扛著壓力默默等待。天長日久，眼看周圍的同學都結婚生子了，李伊婷也開始有些焦急：「你到底是不是真的愛我？」

像李伊婷男友這種只戀愛不結婚的年輕男士並不少見，這類人往往還有年輕作為資本，只想享受戀愛帶來的新鮮感，對於婚姻還沒有做好經濟和精神上的準備。

那麼，年輕男人談戀愛該有什麼樣的心態呢？

有緣千里來相會

謝柏成研究所畢業後，在某科學研究機構工作三年了，一轉眼而立之年已至，可是卻還沒有女朋友，眼看周圍的同學都邁入婚姻的殿堂，他也被父母、朋友逼著相親相了不知多少次，可如今依然孑然一身。謝柏成自己也很苦惱，因為就讀的是工科系，女生本來就很稀少，工作之後，接觸異性的機會也不多，好不容易認識了一個不錯的女孩子，卻被告知已經名花有主。

那麼，到哪裡才可能遇到適合自己的女孩呢？

第一，朋友的飯局。多創造和朋友相處的機會，如朋友的朋友——這是大多數人遇到他們終身伴侶的方式。如果你只是單方面對她有好感，但是沒怎麼跟她說過話，不要不好意思，馬上讓你的朋友幫你安排一次見面。

第二，商務聚會。如參加慈善晚會、新品發布會、某某週年慶、畫廊酒會等，在這些活動中，你可以主動自我介紹，交換名片。看到心儀的對象，留下她的電話號碼、E-mail、FB，LINE等聯繫方式。在見面後的一星期之內約她見面。

第三，交友軟體。網路戀愛成功和失敗的例子我們都已經聽過很多，下載一些交友軟體並成為會員，選擇匹配自己的異性。不過，要睜大眼睛，多多進行了解和溝通才能找著適合自己的那一位。

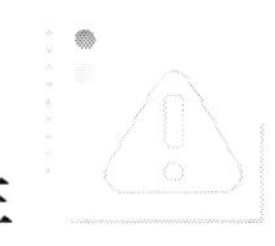

不要因為寂寞去相愛

「你會因為孤單而去愛一個不該愛的人嗎?」別說你不會。事實上，在每一個繁華都市的角落裡，日日都在上演著一段段只跟寂寞有關的戀愛故事，雖然段段都無關於「愛」。例如，無疾而終的第三者插足、辦公室戀情、跨國戀等，當事人明明知道沒有結果，但就是認為「我們彼此很相愛，他（她）真的很關心我」，最終不得不為此煩惱，究其原因都是因為躲不過寂寞。

當人在感到寂寞時，說明心靈和身體都較空虛，需要慰藉，這時候一旦有人走入你的生活，你通常會不想抵擋，只想著就當做個備胎，日後還有更換的可能。

這種對待感情不負責的態度，只會傷害彼此。在一個人的時候，應該好好想一想，自己的伴侶是什麼樣的，你愛他（她）什麼?對於自己不愛的人，應該明確告訴他（她），既然知道不能在一起，就要學會堅定的放棄。

培養自己愛的能力

智商表示一個人智慧發育的程度，情商表示控制情緒的能力，「愛商」則表示一個人擁有愛的能力。我們在成長過程中，不斷體會親情、友情、愛情賜予我們的幸福和快樂，也在不斷的成熟過程中發展了愛的能力。發展「愛商」對於男人來說是至關重要的。

第一，要學會表達愛。在言語和行動中對戀人的關心，能給你的表現加分，更能樹立有責任感的印象。

第二，要學會體驗愛。體驗愛、體驗幸福、體驗溫暖，這是我們生命的一種能力，一種狀態，甚至這就是生命本身。只有能夠體驗幸福的人，才能說得上是完整的人。

第四章　和諧共處的兩性關係

能夠恰當和諧地處理兩性關係是每個家庭或者個人都需要面對的問題，因為這個問題直接影響著家庭的和睦和生活的品質，所以每個人都應該了解一些相關的技巧。但是，兩性相處是一個非常複雜的問題，需要每個人去細心地觀察、體諒和理解對方，只有這樣才能夠真正的和諧相處。

女人最需要什麼，男人真正想要什麼

俗話說：女人心，海底針。這句話說的是女人情感細膩，心思縝密，不容易被人猜透，也說明了女人情感表現的複雜性。

經常會聽到戀愛中的男人對伴侶經常生氣而感到不解：為何女友總是莫名其妙地生氣；為何做了百般努力去討好女友卻總是事倍功半，女人為何總是不滿意呢？女人心裡到底在想什麼呢？女人到底需要什麼？

在和異性交往的過程中，很多女人對男朋友的心思和行為也充滿了困惑，他不願意和我結婚，只是這樣交往著，我沒有安全感，他到底愛不愛我？我對他來說重要嗎？上次我對他發脾氣，他一天都沒跟我聯絡，是不是真的生氣了？他總是忘不了以前的女朋友，他會真心對我好嗎？這一系列的問題反映出女人對男人心理的思索，其實問題的本質在於，女人要懂得男人透過這段親密關係的建立想得到什麼，男人的心理需求是什麼？

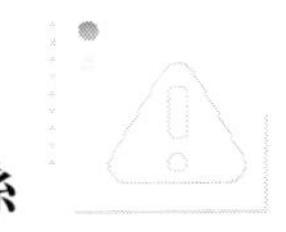

安全感是女人的心理底線

一個女人想從愛情中得到的安全感是第一需求，同時也是最高層次的需求。這種安全感既源於對經濟生活品質的保障，也有對精神生活層次的準備。

在外人看來，王詩婷有一個幸福美滿的家庭。老公聰明能幹，女兒乖巧伶俐，家裡經濟條件殷實，最近正準備買第二間房子。

可是，王詩婷卻覺得心裡總是空蕩蕩的。她說，老公每天早出晚歸，回家倒頭便睡，她和老公已經很長時間沒有好好交流過了，她覺得很沒安全感。

男人卻總是不明白，難道我辛苦工作賺錢，還要額外獻殷勤嗎？女人難道就不能體諒一下嗎？幹嘛這麼形式主義？其實，女人有時候需要的僅僅是一個親暱的擁抱，一個充滿溫情的吻，或者一個頑皮的笑臉，這種情感上的安全和依賴感，往往比金錢等物質保障更能讓女人感覺幸福。所以男人不要吝嗇自己的情感關懷，有時候那恰恰是最管用的，它可以溫暖女人心。

自信心是男人的心理需求

自信心是男人的立足之本，是男性征服世界的原動力，而恰恰有時候，男人的自信心是從和女人的交往過程中獲得的。

著名導演李安，在闖蕩好萊塢時曾經歷過事業的低潮，整整三年間毫無作品產出。那時候，一家人的生活全靠妻子來維持，但是他的妻子從來沒有任何抱怨，反而總是鼓勵李安，堅信他總有一天會出人頭地。

正是妻子這種無私的鼓勵給了李安永不放棄的決心和鬥志，最終，憑藉出色的電影成就贏得了世人的尊重。試想一下，假如李安的妻子是個毫無遠見的怨婦，對老公的事業無法理解和支持，老公的自信心會恢復得那麼快嗎？

有句話說，一個成功的男人背後總有一個偉大的女人。因此，要想你的男朋友或老公事業有成、人生幸福，女人就要做一個偉大的女人，要不斷給他鼓勵和信心，任何時候都不放棄、不拋棄理想和信念，直至到達成功的彼岸。

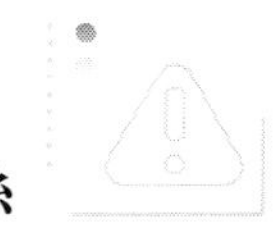

被接納和被尊重是男女的共同需求

一對男女從茫茫人海中相遇、相愛、相知，是一個不斷了解自己、了解對方的探祕過程。戀愛剛開始的時候總是溫馨甜蜜，那是因為受異性相吸的神祕感，等到兩人日漸熟悉彼此，靠什麼來維持天長地久呢？這時只有兩個人互相接納對方、尊重彼此，才能在生活的道路上和諧共處，才能找到愛的真諦。

增進親密關係的新方法

「七年之癢」如今已經成為人們步入婚姻圍城的「定時炸彈」，更有甚者開始描述「五年之癢」、「三年之癢」。

「七年之癢」的本義是說許多事情發展到第七年就會不以人的意志而出現一些問題，婚姻當然也不例外。

結婚久了，新鮮感自然而然就喪失。從花前月下的浪漫到實實在在的柴米油鹽，在平淡的朝夕相處中，彼此太熟悉了，戀愛時掩飾的缺點或雙方在理念上的不同此時都已經充分地暴露出來。

於是，情感的「疲憊」或厭倦使婚姻進入了「瓶頸」，如果無法選擇有效的方法透過這「瓶頸」，婚姻就會終結。那麼，究竟該怎樣增進你和配偶之間的親密關係呢？

社會學家發現，親密、激情和責任是愛情發展的三要素。在夫妻關係中，有效地溝通、彼此信任是促進男女之間親密關係的法寶，彼此分享的祕密越多越親密；提高身體吸引力，如增加性生活和諧程度是促進親密關係的潤滑劑；共同經歷一些事情或美好的回憶則能使愛情保鮮。

學會有效溝通

由於生活的瑣碎，很多夫妻在婚後不願意再像戀愛時那麼「柔情蜜意」，覺得都是一家人了，沒有必要那麼「客套」；還有些人以為對方完全明白自己的意思，相信對方會心領神會，不用自己去解釋、說明；也有些人覺得工作壓力大，沒有時間去做一些送禮物等表示情誼的事情，認為「都老夫老妻了，沒必要那麼做」。

這些想法都是錯誤的，夫妻關係是最親密的人際關係，只有不斷給對方溫暖和支持，讓配偶感受到婚姻關係中的甜蜜和溫馨，而甜蜜是要在溝通中去學習、

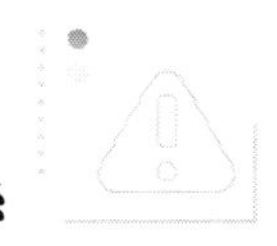

去創造、去體驗、去感受、去昇華的。

溝通不是人的本能，而是後天學習得來的。夫妻之間的溝通無所不在，一個眼神，一絲表情，一點小動作，一種語調，這裡有解讀、有領悟、有默契，所有這一切都需要摸索和學習。

夫妻之間需要掌握的溝通技巧有：及時給自己創造溝通的條件和時間，在三人世界、多邊關係的家庭，應該創造夫妻單獨相處的時間和空間；用雙方都可以接受的方式方法協調夫妻之間的差異；培養共同分享的生活內容、相互調情示愛（如送表達心意的禮物，或是讚語美言）的習慣；當夫妻之間知情權與隱私權發生矛盾時，隱私權應該高於知情權；雙方意見不一致時彼此都需要寬容、需要學會讓步，學會妥協，學會自律、自制、自我監督，克服感情濫用。

提高身體吸引力

心理學家已經證實，一個人的身體（外表）在決定我們對他人的印象上起著非常重要的作用。人的外表越吸引人，我們對他的評價也就越積極正面。在我們生活的社會中，擁有適宜的腰臀比例，勻稱的面龐和苗條的身軀的人被視為極具吸引力。同樣，身體吸引力會增進夫妻間的親密關係。那麼，哪些是身體吸引力指標呢？

首先，身體的對稱性不僅展現美觀，也代表一種基因優勢，表明一個人具有良好的生存能力，說明他（她）的身體非常健康。

其次，研究還表明，在理想腰臀比例範圍內的人，無論其體重多少，都不易患心血管病、癌症、糖尿病等疾病。

同時，男性的寬肩也更能引起女人慾望。因此，無論男女都應該健身，擁有苗條的身軀，提高自己的身體吸引力。

給伴侶留一些空間

兩性的結合是感情、生活的結合，而不是個性、人格的溶解，更不是彼此的影子，因此不要追求形影不離。否則，就像不停地吃東西會使人喪失食慾一樣，老黏在一起也會使人興趣索然。

男女之間的關係只有部分共同特點，雙方都應該有自己的朋友和嗜好，有更

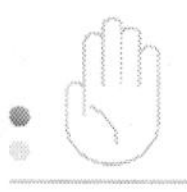

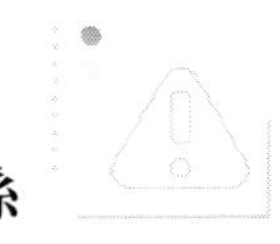

多的話題。

俗話說「小別勝新婚」，適當的小別，可以增加夫妻間的新鮮感。從心理學上來講，這是由於人為的造成距離，使彼此在對方的心目中的形象長青，形成了一種良性的效應。從某種意義上來說，沒有距離就沒有自由，沒有距離就沒有吸引力，時空的間隔往往會增加愛的強度。

此外，夫妻之間也應該給彼此留有空間，在婚外保持正常的交友圈，不要將婚姻作為唯一的精神寄託。在交往中要不斷提升人生智慧，不斷調整自己，適應婚姻。

多一些幽默感

善解人意才有可能促進兩情相悅。面對紛紜繁雜的社會生活，尤其是家庭生活中的鍋碗瓢勺等瑣事，有時確實需要多一些承受困難的勇氣和駕馭生活的能力。家庭中的幽默，可以減輕心理上的壓力，尤其是夫妻生活中的幽默語言，常常能激起感情上的浪花。因為幽默是堅毅、冷靜、智慧、能力的象徵，是家庭矛盾的調和劑。

女人的祕密評分法──男人的一週是如何被毀掉的

對於相同的事情，男人和女人的看法卻截然不同，這也是兩性衝突的主要原因。很多男人以為想當然的事情，其實女人們卻並不這麼看待。

志維和雅安結婚快五年了，他們有一個聰明伶俐的兒子。

一天晚上，雅安向志維抱怨：「我覺得你沒有從前那麼愛我了。」

志維反駁：「沒有啊？我一直在拚命工作，難道不是愛你、愛這個家嗎？」

雅安揚起眉毛：「你還說愛我，那今天是什麼日子？你怎麼回家這麼晚？」

志維想了想，恍然大悟：「我錯了，我忙得忘記了，結婚紀念日這麼重要的日子我居然忘了，老婆，對不起，我明天補上……」

看著老公後悔的樣子，雅安嘆了一口氣，而志維看到老婆傷心失望的樣子心裡也不好受，所以在和好友們聊天的時候忍不住發牢騷：「我上班那麼累，還得記著各種紀念日，女人真是注重形式，無理取鬧啊！」

志維的看法受到了好友們的一致認可，但是女人對男人卻有一套屬於她們的

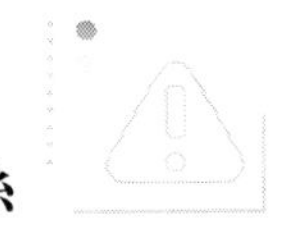

祕密評分方法，並對男人的各種行為進行評分。那麼，在妻子心目中，什麼樣的丈夫才是讓人滿意的呢?仔細閱讀下文，就會有很大的收穫。

工作時間越長得分越高嗎

男人以為拚命工作就會給妻子帶來幸福感，為印象加分。錯，這是個大錯特錯的想法。工作時間加長，相對的，就不太有時間在家裡做一些瑣碎小事，因此也就喪失了一些分數。男人以為自己多賺點錢能讓家人過更好的生活，妻子應該褒獎他才對。而事實正好相反，她反而認為他愛工作更勝於愛她。

應對以上問題的策略是，在上班的時候打電話告訴妻子，你愛她，而且很想她，然後在進家門之前再打一次電話給她，這樣能提高分數。男人大多不明白這種瑣碎的事情對女人來說很重要，女人需要被重視的感覺。

送禮物能得到高分嗎

有些男士認為自己很體貼，在妻子生日、結婚紀念日等特殊的日子裡都會給妻子驚喜，送珠寶、鮮花、巧克力等，希望討得妻子歡心。

可是，在女人看來，儘管這些禮物有些很貴重，但卻不抵丈夫「不經意」的讚賞更值得欣慰。例如，丈夫無意間誇獎了自己的廚藝，天冷的時候披件外套在身上，充滿愛意地撫摸頭髮等。在男人看來，這些小動作都微不足道，可是這正是女人最敏感的「軟肋」。

按妻子說的去做能加分嗎

妻子讓丈夫做家務，他一樣一樣都完成了，以為自己做得很到位，可妻子還是不高興。為什麼呢？男人總希望任務是直白的、一目瞭然的，也希望快速解決問題。「好，你說什麼沒做，我去做就行了，你總該滿意了吧。」女人恰恰是從問題的表面引申下去。「非要我提醒你才做家務嗎？」

應對以上問題的策略是，男人需要和妻子溝通她想要的效果，並不是結婚之後男女就真的「心心相印」，什麼事情不說對方就都明白，事實上，女人的心思男人不僅要察言觀色，更得要時常詢問才行。

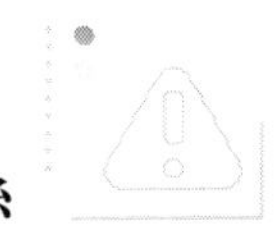

經常「示愛」能加分嗎

毫無疑問，女人是感性動物，男人是理性動物。理性動物認為結婚多年，已是老夫老妻，就沒必要也沒時間去給妻子獻殷勤以及用言語來表達柔情蜜意，殊不知，這種不定期的「示愛」是很有必要的，不僅會讓妻子對你的印象分迅速增加，而且會令你們的婚姻越來越甜蜜。

例如，誇讚妻子的外貌及裝扮、留意到妻子的髮型和服飾、對妻子工作及人際交往能力的讚美等等行為，會使你們的生活品質大大改善。

對她的家人好能加分嗎

在女人心裡總想著，愛我就要愛我家人；而男人想的是，我對你好就足夠了，我和你家人又沒有親情關係，應付一下就可以了。這種想法是錯誤的。當妻子發現丈夫不夠重視自己的家人，沒有噓寒問暖，沒有熱情接待等，就會無意中給丈夫減去一定的分數，而且這種情緒還會累積起來，等丈夫以為時間會磨滅一切時，妻子又會提及「上次我媽來的時候，你都沒有熱情挽留」之類的話。因此，男人要留意妻子對自己的家人有多重視，千萬不要在該表現的時候畏首畏尾，對丈母娘及其家人要盡到做女婿的本分，適當地誇大熱情也能給自己加分。

為什麼讓男人許下承諾這麼難

永遠的愛、責任、期待使男人抗拒承諾。有人說婚姻是男人給女人最好的禮物，也有話說：愛她，就娶她，我們常在婚禮宣誓時看見新郎信誓旦旦，新娘淚流滿面的幸福場景。但也因此，有時候男人對於承諾還是持保守的態度。

俊友和筱婷是在朋友聚會中經由珍書介紹相識的，兩人一見如故，相談甚歡，之後便互留了電話，打算下次再見面。隔天，俊友和筱婷都打電話給珍書，說謝謝她介紹他們兩人認識，說彼此都有好感，珍書覺得她這個中間人當得很不錯。

為了進一步了解俊友，筱婷隔週邀請俊友去海邊玩，然後共進晚餐，俊友很高興地答應了。接下來三週，每個週末兩人都在一起，每星期有一兩天晚上會一起去看電影。對筱婷而言，兩人正在交往。現在除了俊友，她不再和別人約會，

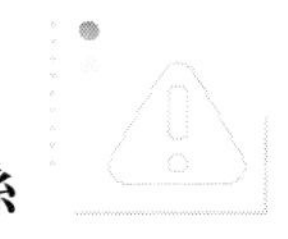

雖然他們並沒有談到這方面的事情。

在一場婚禮上，珍書看到俊友的女伴不是筱婷時非常吃驚，藉機私下詢問俊友的想法。俊友說，他只是覺得筱婷作為朋友是值得交往的，還沒打算進一步確立關係。

其實對於承諾這件事，很多男人還是很謹慎的，所以女人最好也不要誤解。男人為何對許諾如此斤斤計較？是害怕失去什麼？還是女人要求得太多？

難道是生物學的因素

男人對某個球隊的熱愛與忠誠足以媲美宗教狂熱分子，但是在感情方面他們卻不會投注同等的熱情，這讓女人感到困惑。他一輩子都不可能認識他們，而他們也不在乎他，為什麼對女人，他就不會有同樣的熱情與忠誠呢？

自有人類以來，為了生存，實行的就是一夫多妻制。當時男性的數量不多，因為打獵或戰鬥都會折損男性的人數，所以倖存者便把寡婦據為己有，在當時這是很合理的，而且這也給了男人傳宗接代的好機會。

從物種生存的觀點來看，一個男人擁有十至二十個妻子是合理的，但是一個女人有十至二十個丈夫就不合理了，因為她一次只能懷一個人的孩子。因此，男人才會一直避免對一個女人許下承諾，這也是男人很難專心對待一個女人的原因。

不過人類和其他動物還是不一樣的，因為我們的大腦比較發達，而且演化出了較大的額葉，這讓我們可以選擇想做什麼事、不想做什麼事。因此，當偷腥的男人辯稱他情不自禁時，這個理由並不夠充分。

許諾等於失去自由嗎

許多男人認為，許下承諾就等於失去了自由。然而，很難想出他們所說的自由是指什麼。如果要他們說明所謂的自由是什麼，他們會說不想讓人限制行動，愛來就來，想走就走；不想說話的時候，就可以不說話；不用解釋自己的行為，也用不著為行為辯護；可以想要幾個女人，就能有幾個女人。

可是，他們既想要有人愛，想要有人照顧，還想要大量的性事。簡言之就是，他們全部都想要。可是，現代男人有幾個敢說自己擁有了全部？即使是某階

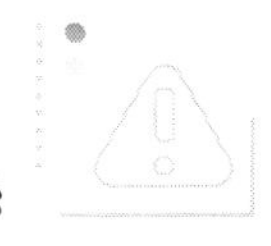

段擁有了到最後反而又一無所有。那種生活方式只存在於古代的伊斯蘭後宮，或是某些原始文化社會中，現代男人很少有機會能擁有那樣的生活。

想要擁有完全的自由，唯一的方法就是住在沒有任何規則的孤島上。談戀愛就像是拿駕照想要開車上路一樣，必須學習交通規則，並且遵守交通規則，否則永遠只能用雙腳走路。談戀愛的規則其實很簡單，說穿了不過是協調而已。

你想要得到愛、友誼、性，想要有人照顧就得要有付出，不能坐享其成，淨得所有的利益。女人想要的回報很簡單，就是愛、專情與忠誠而已。她們從來就沒想過要奪走男人的自由。

怎樣體驗「愛」的感覺

愛情，是個古老而又時髦的詞語，從古至今，為了愛情而賦詩作詞的人數不勝數，以愛情為題材的文學影視作品更是層出不窮。從這個意義上來說，愛是人生存的必需品，沒有愛，人一天也活不下去。愛情是親密關係的最高級別，是人類獨有的經驗。

可是，在現代社會中，生活節奏加快，每天為了生計疲於奔命的人們，已經把體驗愛當成了生活的調劑品，更有人發出來「我怎麼都感覺不到愛」的呼喊。那麼，怎樣體驗愛的感覺呢？讓我們來看看愛情這個話題中有哪些是必須學會的技能吧！

破壞愛情的危險因素

要想學會愛一個人，首先要知道破壞和妨礙愛的因素有哪些。例如，指責、疏遠、蔑視、批判、退縮等在建立親密關係過程中危害極大。

愛情的消失很大程度上來源於雙方關係的疏遠。

在家的妻子總是抱怨丈夫不夠體貼，心裡只有工作，而丈夫則抱怨妻子做不好家務，不能解除自己的後顧之憂，兩人都只是從自己的角度出發指責對方，至此戰火升級，難免發出「婚姻是愛情的墳墓」之說。

了解什麼會破壞愛情，還要常常問自己，你把愛當成理所當然的了嗎？婚後的男女，總容易把責任和愛混為一談，認為只要盡到了夫妻的責任和義務就是對對方有愛了。

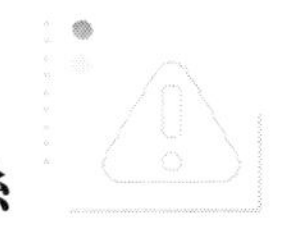

男人認為自己拚命工作，賺錢養家就是對妻子的愛，妻子則認為相夫教子、操持家務就是對丈夫的愛。其實，夫妻雙方要經常表達情意，及時肯定對方的付出和奉獻，學會感恩，懂得寬恕對方的小錯誤，這樣愛情才能長久。

利用感覺器官來提升愛意

科學家發現，墜入愛河的過程中，人的五種基本感受（視覺、嗅覺、聽覺、味覺、觸覺）都發揮了作用，間接參與了培養愛情。得體的服裝能修飾身材，也能從視覺上給異性美的感受。很多婚前的俊男美女，進入家庭後就變回原形，不再像戀愛時那麼注意修飾自己，以致在對方眼中的形象一落千丈。

因此，在婚後的相處中，也要在配偶面前適當注意服飾的作用，並不是說非得穿得性感風騷，只要杜絕邋遢和髒亂即可。嗅覺能夠喚起愛人的感覺，如女性身體和香水混合的味道，男人汗水和菸草混合的味道等。

若某一種熟悉的味道在愛人心中留有記憶，會喚起他的親密感。例如，女性可以固定使用某些品牌或味道的香水，使自己的戀人熟悉這種味道。聽覺方面，男性低沉、磁性的嗓音能夠喚起女性的愛意。當丈夫在妻子耳邊呢喃時，混合了聽覺和觸覺的感受會令妻子的大腦頓時活躍起來。

觸覺，也就是肌膚相親，更能夠加強夫妻之間的感情。無論是牽手、擁抱、接吻、做愛都能使大腦中的「快樂激素」多巴胺的分泌增加，給夫妻雙方奇妙的感受。

經營你們的親密時光

即便你們的性生活還算美滿，你還是會在做愛的過程中感到孤獨。「從技術上來說」一切都很好，但你們的性生活不再像以前那樣能帶來真正的快樂和親密感，而親密感恰恰是啟動慾望的引擎。若要重新獲得親密感就得多關心對方，向他（她）敞開心扉，因為親密感是從日常生活中小小的親密動作中獲得的。有機會的時候多誇獎對方，讓他（她）說些自己的經歷，你也可以告訴他（她）今天發生了哪些有趣的事，這些都會增進你們交流的願望。為了跨出愛的第一步，你們可以分一下工——每個人輪流採取主動！

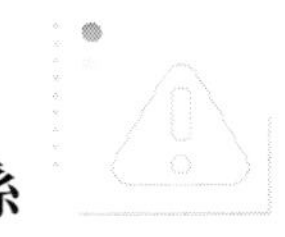

男人為什麼要說謊

在寫這一節時，我很糾結。我原本認為，男人撒謊都出於善意的，有些是為了安撫人心，有些是為了息事寧人，有些是為了化解衝突，有些是為了緩解矛盾。男人在適當的時候說個謊，不單是一種隱瞞，更多的只是為了婚姻中能少一些麻煩或者讓愛情更加完美。

可是自從我看了一個節目後，讓我不知是否該繼續堅持以上觀點，當期主題是「男友大我二十三歲」。故事中，一位四十三歲的男人製造假身分證、假離婚證，騙說自己才二十三歲，與一個二十歲的女孩同居並生了孩子，而且欺騙被發現後還極其不負責任的拋棄了那對母女，謊言讓這個二十歲的女孩經歷了異常的苦痛。

為了不糾結，故將說謊劃分為善意的謊言和惡意的謊言，從這兩個角度分析男人為什麼說謊。

男人善意說謊的喜與悲

男人說謊可以有千萬個理由，並且相對女人而言，男人其實不愛說謊，只是女人的謊大多無傷大雅。例如，同事燙了新髮型，顯老許多，卻不願直講；逛街血拼，回家卻說沒買什麼。男人說謊大多是為了讓妻子開心，因為妻子找到老公後就不愛照鏡子了，而總是問老公，這件衣服怎麼樣？老公只能說「這衣服並不顯胖」。女人本來就想得到由衷的讚美，為了女人的快樂，男人怎麼可以放棄說謊呢？再比如，老公整晚與朋友喝酒，說謊可以掩飾過關，讓生活更輕鬆，何樂而不為呢？

男人很多時候是不得不說謊的，為了面子、為了哄女人開心、為了息事寧人、為了自我保護，找到一個不說謊的男人比找一條恐龍還難。

男人的謊言大多是圍繞女人而編織臆造的。例如，偶爾和朋友出去喝酒時，總是用因公不得不應酬之類的謊言糊弄妻子，因為怕她擔心，也為了讓耳根的清靜，省得聽許多嘮叨。再比如，一個記者常常漂泊在外，如果在一次拍攝絕壁照片時，妻子打電話來問他在何處，這時候告訴她在山勢陡峭的山谷裡，她必定會

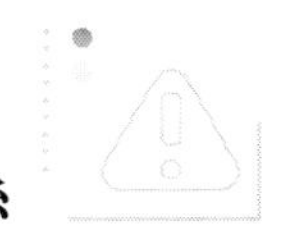

整晚失眠，所以一個溫馨的謊言（如在飯店，準備休息了）會比實話更能回報愛妻的一片關懷。

真正的好男人都懂得在關鍵時刻說一些善意的謊言來呵護伴侶，不斷調節和她之間的關係。一句讚美、肯定的話語會讓鏡子前的女人不再抱怨衣服太少；一句「我只愛妳」或許就能平息女人心中對他剛剛萌發的疑惑，讓生活重新回歸到平靜。

不可原諒的惡意謊言

如果說謊是為了隱瞞事實真相，掩飾自己的過錯，躲避懲罰，那就請女人擦亮妳的眼睛。

就像那個讓我糾結的故事一樣，將自己實際年齡說小二十歲的謊言是害人害己的。這樣的謊言最終會讓合法妻子和這個未婚生子的女孩都飽受煎熬。因此，請女人學一學辨別謊言方法或者預示謊言的行為和表情分析，拋開那些為了不讓感情產生裂縫，雖然違背誠實但善意的謊言。

善意的謊言雖不等於欺騙，但惡意的謊言就是欺騙。當你懷疑一個男人說謊並會造成惡意的後果時，當面興師問罪是最愚蠢的方法，要先按兵不動，細心觀察，分辨說謊的性質，再做出果斷的決定。

如果沒人支持你怎麼辦

從戀愛到婚姻，往往並不是所有的事情都由自己決定，它還會牽扯到家庭等很多因素。

故事一

二十八歲的泰正，經由相親認識了二十五歲的慧敏。兩人對彼此的家庭條件、外型、性格等都很滿意，再加上也都到了適婚年齡，所以在相識一周後，兩人便做出了一個大膽的決定——結婚，並且開始籌備拍婚紗，連蜜月的地點都開始商量了。

當他們把這個決定告訴家人時，卻在兩個家庭內部引起了軒然大波。家人都不同意閃婚，認為他們應該再加深了解和溝通。

他們兩人都覺得真是猜不透家長的心思。明明家長總把兒女的私人問題掛在

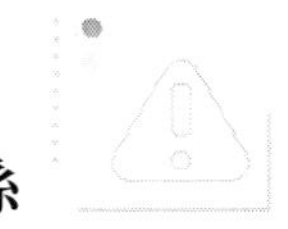

嘴邊，為何到了兒女準備結婚時卻又舉棋不定？難道是父母對兒女的獨立還沒有做好準備嗎？

故事二

靜瑄的男友是她的大學同學，畢業後留在靜瑄所在的城市工作，但出身較差的他，並沒有獲得靜瑄家人的認可。他們認為沒有經濟基礎的愛情不能給靜瑄穩定、幸福、有品質的婚後生活。但是，靜瑄的男友並沒有放棄這段感情，而是透過努力奮鬥，抓住每一個機會不斷提升實力。三年後，他買了房子，還成立了自己的公司。當他再次去靜瑄家提親時，靜瑄的父母被年輕人的奮鬥精神感動了，並欣然應允了他們的婚事。

婚姻問題上，如果周圍的人都不支持你，該怎麼辦呢？

從自身分析原因

當你做一個決定後發現反對聲四起，那麼到底是你過於離經叛道，還是周圍人故步自封呢？首先，要冷靜下來思考一下，自己的思想和行為為何會引起「眾怒」？是自己一時頭腦發熱還是已經經過了深思熟慮？有沒有充分的理由來說服大眾接受你的觀點？

如果是在深思熟慮後做出的決定，就要爭取更多的人來支持自己。爭取的方式按照「曉之以理，動之以情」的原則進行。給家人一個合理的理由，說明自己的態度和想法，對未來事情發展做規劃，給出對風險的估計以及應對的對策等。

最重要的一點是要說服別人，首先自己的態度要堅定，目標要清晰明確，知道自己想做什麼，透過什麼途徑達成，千萬不可因一時衝動做出後悔的選擇。其次假如自己是一時衝動，做了不理智的衝動行為，也要學會負責任，避免在錯誤的道路上越走越遠。像故事一中的例子，相識一周就決定閃婚的男女，怎麼看都像是被愛情沖昏頭。沒有穩定的感情基礎的婚姻，又怎麼能爭取到別人的支持呢？建議他們加強溝通和了解，從生活、工作以及為人處世等方面「磨合」兩個月，然後再考慮婚嫁也不遲。

理解父母，為自己加油

在故事二中，我們無須指責靜瑄的父母嫌貧愛富，只要明確靜瑄的男友是個聰明人，他用自己的奮鬥歷程贏得了靜瑄家人的支持。

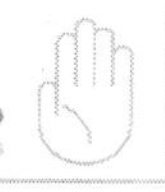

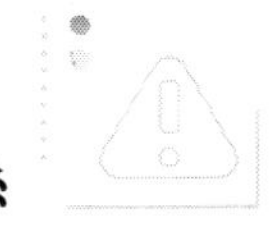

其實，在婚姻這種大事的決策上，爭取家人的支持和祝福是每對戀人都希望的事，那為何有些家長對子女的戀愛堅持干涉呢？這是因為父母都希望自己的子女衣食無憂、生活幸福，所以考慮子女的婚姻時要從對方的家庭、年齡、長相、學歷等外在條件進行考察。我們應該理解父母的做法，他們也是出於對現實的無奈，畢竟柴米油鹽醬醋茶才是婚姻的本質。

因此，在別人不支持你們時，唯有拿出真本事，提高自己的實力才是最佳的證明方式。

第二篇　色彩心理學

色彩無所不在，無論你走在哪裡都會受到色彩的影響，這種影響是一種潛在的、長期的影響。雖然你可能注意不到它，但是它卻會影響你的生活。了解一些色彩心理學知識，不但你對衣著搭配、家具布置非常有幫助，同時也會影響你對事物的看法。你會發現自己擁有了一個全新的視角，且世界也因此而變得不同了。

第五章　色彩與心理學的關係

色彩與心理學有著直接的、不可分割的關係，因為每種色彩其實都體現了不同人的心理傾向。同時，不同的色彩也可以給人帶來不同的心理感覺，如每家的裝修顏色等。由於長期的生活習慣和文化累積，色彩也會逐漸影響到生活的各個領域，如醫療、消防等。

冷色與暖色的心理

我們都知道，顏色對情緒有著深遠的影響，不同的顏色可以透過視覺影響人的內分泌系統，從而導致人體荷爾蒙的增多或減少，使人的情緒發生變化。研究表明，紅色可使人的心理活動活躍，黃色可使人振奮，綠色可緩解人的心理緊張，紫色使人感到壓抑，灰色使人消沉，白色使人開朗，咖啡色可減輕人的寂寞感，淡藍色可給人涼爽的感覺。

冷和暖是生理感覺，而顏色之所以能作用於人，讓我們產生冷暖的感覺，並不是顏色本身的客觀特徵所致，而是因為人的聯想。在色彩學中，把不同色相的色彩分為熱色、冷色和溫色，從紅紫、紅、橙、黃到黃綠色稱為熱色，以橙色最熱。從青紫、青至青綠色稱冷色，以青色為最冷。紫色是紅色與青色混合而成的，綠色是黃色與青色混合而成的，因此是溫色。

這些和人類長期的感覺經驗是一致的，如紅色、黃色讓人似看到太陽、火等，感覺熱；而青色、綠色讓人似看到海、綠色的田野、森林等，感覺涼爽。但是，色彩的冷暖既有絕對性，也有相對性，愈靠近橙色，色感愈熱，愈靠近青

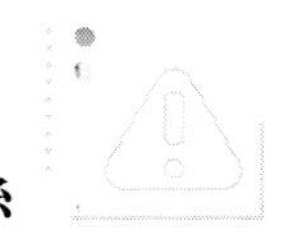

色，色感愈冷。例如，紅比紅橙較冷，紅比紫較熱，但不能說紅是冷色。

暖色看上去似乎在邀請我們，而冷色往往令人望而生畏、避而遠之。因此，前者使我們感到距離拉近了，而後者則產生距離變遠的感覺。現實生活中到處都充滿了這樣的例子。比如，促銷人員穿的衣服通常是橙色的，這讓我們感覺到熱情，而法官、警察的衣服都是深色的，主要是為了製造他們在我們心中的神聖感和威嚴感。再比如，我們常喝的飲料，雪碧、百事可樂等都是藍色或綠色的，這可以讓我們在炎熱的夏天感覺到涼爽。

英國倫敦有座橋原來是黑色的，每年都有人到這裡投河自殺。後來，橋的顏色被改為黃色，來此自殺的人數竟然減少了一半。這充分證實了顏色的功能——顏色影響著人的情緒，對人有積極的影響也有消極的影響，我們要學會利用顏色來調節心情。

暖色與冷色使人感覺到的溫度還會受到顏色明度的巨大影響。明度高的顏色，會使人感覺寒冷或涼爽；明度低的顏色，會使人感覺溫暖。與深藍色相比，淺藍色看上去更涼爽；與粉紅色相比，紅色看上去更溫暖。

最後，值得注意的是，冷色與暖色在心理上的感覺還因人而異。這個差異是由不同的成長環境和個人經驗造成的。比如，在冰天雪地中長大的人，看到冷色會聯想到冰雪，因而他們看到冷色會感覺更冷，而在熱帶島嶼成長的人，看到冷色很難意識到寒冷，這是因為他們基本上沒有過寒冷的感覺。在熱帶，即使是海水也是溫熱的。在冷暖色的利用上，我們如果能先了解一下目標族群的特點和背景，就能達到更好的效果了。

色調與色相的心理

色調是由物體反射的光線中以哪種波長占優勢來決定的，不同波長產生不同顏色的感覺。它指的是對一幅畫面的整體感覺，而不是指顏色的性質。一幅繪畫作品雖然用了多種顏色，但總體會有一種傾向，是偏藍或偏紅，是偏暖或偏冷，等等。這種顏色上的傾向就是一副繪畫的色調。再比如，一束花有紅有黃有紫，那麼哪種色彩占優勢呢？這就要看這束花大概的色彩是什麼樣的了，這個顏色也就是這束花的色調。

不同的色調會引起人們不同的心理聯想。在本文中，我們就詳細地介紹一下

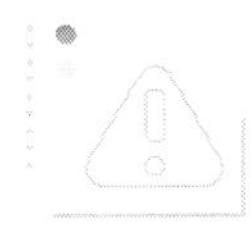

每種色調都能讓人產生什麼心理感覺。

純色調：自由、熱情、刺激、華麗。

深色調：幹練、嚴謹、穩重、傳統。

暗色調：堅強、充實、剛毅、質樸。

淺色調：柔弱、簡潔、成熟、明朗。

亮色調：鮮明、歡快、活潑、青春。

濁色調：柔弱、憂鬱、朦朧、寧靜。

灰色調：內向、消極、平淡、含蓄。

色相是色彩的首要特徵，是區別各種不同色彩的最準確的標準。事實上，任何黑白灰以外的顏色都有色相的屬性，而色相也就是由原色、間色和複色來構成的。自然界中各種不同的色相是無限豐富的，如紫紅、銀灰、橙黃等。色相即各類色彩的相貌稱謂。

紅色

紅色的純度高，刺激作用大，人們稱之為「火與血」的色彩，能對人的心理產生巨大的鼓舞作用，給人熱情、活潑、熱鬧、吉祥、公正、喜氣的感覺，同時也給人恐怖的心理。

如果在紅色中添加白色，就會給人健康、溫和、愉快、嬌柔的感覺。如果在紅色中添加黑色，就會給人枯萎、固執、孤僻、煩惱的感覺。如果在紅色中添加灰色，就會給人煩悶、哀傷、寂寞的感覺。

橙色

橙色的刺激作用雖然沒有紅色大，但它的明視度和注目性也很高，既有紅色的熱情又有黃色的光明、活潑，是人們普遍喜愛的色彩，給人光明、溫暖、喜歡、興奮、衝動、力量充沛、暴躁、嫉妒的感覺。

如果在橙色中添加白色，就會給人溫馨、暖和、輕巧、慈祥的感覺。如果在橙色中添加白色，就會給人安定、古色古香、情深、拘謹的感覺。如果在橙色中

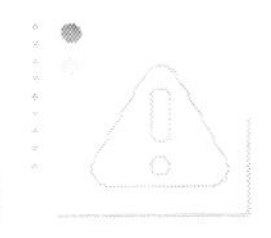

添加灰色，就會給人沙灘、故土、灰心的感覺。

黃色

黃色是最為光亮的色彩，在有彩色的純色中明度最高，給人光明、迅速、活潑、輕快的感覺。它的明視度很高，注目性高，比較溫和，給人明朗、快活、自信、希望、高貴、貴重、進取向上、德高望重、工於心計、警惕、注意、猜疑的感覺。

如果在黃色中添加白色，就會給人嬌嫩、可愛、幼稚、無誠意等感覺。如果在黃色中添加黑色，就會給人多變、貧窮、粗俗、祕密等感覺。如果在黃色中添加灰色，就會給人不健康、低賤、骯髒、陳舊的感覺。

綠色

綠色的心理概念：綠色為植物的色彩，明視度不高，刺激性不大，對生理作用和心理作用都極為溫和，給人寧靜、休息、精神不易疲勞的感覺。

如果在綠色中添加白色，就會給人爽快、清淡、寧靜、舒暢的心理感覺。如果在綠色中添加黑色，就會給人自私、沉默、刻苦的感覺。如果在綠色中添加灰色，就會給人倒楣、腐朽的感覺。

藍色

藍色的注目性不太高，但在自然界中，如天空、海洋均為藍色，所占面積相當大，給人冷靜、智慧、深遠的感覺。

如果在藍色中添加白色，就會給人聰明、高雅、輕柔的感覺。如果在藍色中添加黑色，就會給人奧祕、沉重、悲觀、幽深、孤僻的感覺。如果在藍色中添加灰色，就會給人笨拙、壓力、貧困、沮喪的感覺。

紫色

紫色富有神祕感，易引起心理上的憂鬱和不安，但紫色又給人高貴、莊嚴之感，所以女性對紫色的嗜好性很高。

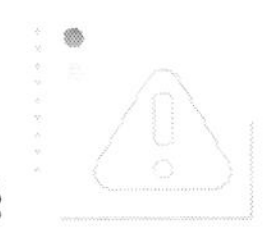

如果在紫色中添加白色，就會給人高雅、含蓄、嬌氣、羞澀的感覺。如果在紫色中添加黑色，就會給人虛偽、渴望、失去信心的感覺。如果在紫色中添加灰色，就會給人腐爛、厭棄、矛盾、枯朽的感覺。

膨脹色與收縮色

顏色可以將物體放大或縮小，這就是所謂的膨脹色和收縮色。簡單地說，暖色系的顏色被稱為膨脹色，像紅色、橙色、黃色等，他們可以使物體放大。而像藍色、綠色、紫色等這樣的冷色系的顏色，則可以是使物體縮小。實際上，物體的大小並沒有改變，這只是由於色彩引起的心理效果而已。

物體看上去的大小，不僅與其顏色的色相有關，明度也是一個重要的影響因素。紅色系中像粉紅色這種明度高的顏色可以將物體放大；而冷色系中明度較低的藏青色可以將物體縮小，因而藏青色的物體看起來要比實際小一些。明度為零的黑色更是收縮色的代表。

膨脹色與收縮色的應用主要體現在以下幾個方面。

關於穿著

在沒有看到這篇文章前，相信很多女性朋友們都已知道穿深色的衣服顯瘦，尤其是黑色的。這其實就是運用了膨脹色與收縮色的原理。

例如，看到有女性穿黑色絲襪，我們就會覺得她的腿比平時細。實際上，這位女性只是利用了黑色的收縮效果，使自己的腿看上去比平時細而已。因此，在搭配服裝時，對於那些身材比較豐滿或者希望自己看起來更瘦的朋友，建議採用冷色系中明度低、彩度低的顏色，特別是黑色。特別是下半身穿收縮色時，可以收到立竿見影的效果。因為下身本身就比較長，再加上收縮色的效果就顯得更為修長。

當然，為了使得看起來的效果更好，可以一身都穿黑色，只是那樣會顯得有些單調和沉重。這時，可以嘗試著搭配一些其他的彩色東西，如亮色的絲巾、手提包等。

關於裝修

現在的房價普遍較高，所以普通大眾只能買到一般大小的房子。這也沒關係，只要在裝修上多下點功夫，小房子同樣可以給人大房子的感覺。在室內裝修中，只要使用好膨脹色與收縮色，就可以使房間顯得寬敞明亮。比如，牆壁的顏色要使用亮一點的顏色，白色、淡黃色或者淡粉色等。

在家具的選擇方面則可以買一些深色的。比如，深紅色的實木家具看起來高貴又有收縮感。再比如，粉紅色等暖色的沙發看起來很占空間，使房間顯得狹窄、有壓迫感，而黑色的沙發看上去要小一些，讓人感覺剩餘的空間較大。因此，可以考慮到這些因素。

關於汽車

上面所談的兩點是最常見的關於膨脹色與收縮色的應用。在汽車領域，這種效果對我們來說也是非常重要的。舉例來講，將相同車身塗上不同的顏色，會產生體積大小不同的感覺，如黃色看起來感覺大一些，是膨脹色；而同樣體積的黑色、藍色會感覺小一些，是收縮色。如果紅、黃、藍、綠四種顏色的車和你的車保持相同的距離，那麼，你會傾向於感覺紅色和黃色的車離你更近些，而其他兩種離你更遠些，這些判斷肯定會影響你的駕駛行為。

收縮色看起來比實際要小，尤其是傍晚和下雨天，常不為對方車輛和行人注意而誘發事故；而黃色等為膨脹色，看起來比實際要大，不論遠近都很容易引起注意。

配色中的色彩心理學

在色彩心理學中，每一種色彩都代表著不同的心理意義，而不同色彩之間的搭配、融合也會讓人產生不同的感覺。就像一個人，穿不同風格的衣服時，似乎他的性格也會跟著變化一樣。

紅色的配色

紅色給人的視覺感最強烈，性格剛烈而外向，是一種對人刺激性很強的顏

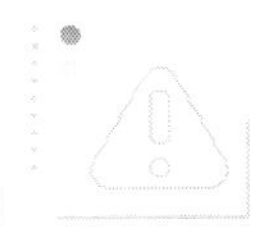

色，容易引起人的注意。研究發現：人們對紅色的反應是最快的，這就是為什麼在交通中停車使用紅燈的原因。但是，它也容易使人興奮、激動、緊張、衝動，還是一種容易造成人視覺疲勞的顏色。

在紅色中加入少量的黃色，會使其熱情變得強盛，趨於躁動、不安的感覺。在紅色中加入少量的藍色，會使其熱性減弱，趨於文雅、柔和的感覺。在紅色中加入少量的黑，會使其熱情變得沉穩，趨於厚重、樸實的感覺。在紅中加入少量的白色，會使其熱情變得溫柔，趨於含蓄、羞澀、嬌嫩的感覺。

黃色的配色

黃色是各種色彩中最為嬌氣的一種顏色。黃色的性格冷漠、高傲、敏感，色彩本身具有擴張和不安寧的視覺印象。只要在純黃色中混入少量的其他色，其色相感和色性格均會發生較大程度的變化。

在黃色中加入少量的藍色，會使其轉化為一種鮮嫩的綠色，其高傲的性格也隨之消失，趨於一種平和、潮潤的感覺。在黃色中加入少量的紅色，則具有明顯的橙色感覺，其性格也會從冷漠、高傲轉化為一種有分寸感的熱情、溫暖。在黃色中加入少量的黑色，其色感和色性變化最大，成為一種具有明顯橄欖綠的複色印象，其色性也變得成熟、隨和。在黃色中加入少量的白色，其色感會變得柔和，其性格中的冷漠、高傲被淡化，趨於含蓄，易於接近。

藍色的配色

藍色的色感偏冷，俗稱冷色，性格樸實而內向，是一種有助於頭腦冷靜的顏色。藍色樸實、內向的性格，常為那些性格活躍、具有較強擴張力的色彩提供深遠、平靜的空間，成為襯托活躍色彩的友善而謙虛的朋友。正是因為藍色的穩重、博大，才讓它成為在淡化後仍然能保持較強個性的顏色。如果在藍色中分別加入少量的紅、黃、黑、橙、白等顏色，均不會對藍色的性格構成較明顯的影響力。

橙色的配色

橙色是所有色彩中最鮮亮的一種色彩，一般多為小孩和年輕人所喜愛，是典型的交際色，性格張揚、活力四射。

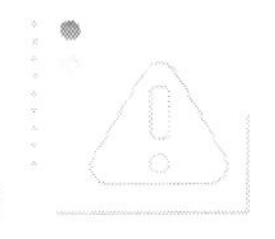

如果在橙色中黃色的成分較多，其性格趨於甜美、亮麗、芳香。如果在橙色中混入少量的白色，可使橙色的知覺趨於焦躁、無力。

綠色的配色

綠色是具有黃色和藍色兩種成分的顏色。在綠色中，將黃色的擴張感和藍色的收縮感相調和，將黃色的溫暖感與藍色的寒冷感相抵消。這樣使得綠色的性格最為平和、安穩，是一種柔順、恬靜、滿足、優美的顏色。

在綠色中黃色的成分較多時，其性格就趨於活潑、友善，具有幼稚性。在綠色中加入少量的黑色，其性格就趨於莊重、老練、成熟。在綠色中加入少量的白色，其性格就趨於潔淨、清爽、鮮嫩。

紫色的配色

紫色的明度在有彩色的色料中是最低的，它的低明度給人一種沉悶、神祕的感覺。紫色性格一般憂鬱、敏感、體驗深刻、自戀。

紫色中紅色的成分較多時，其知覺具有壓抑感、威脅感。在紫色中加入少量的黑色，其感覺就趨於沉悶、傷感、恐怖。在紫色中加入白色，可使紫色沉悶的性格消失，變得優雅、嬌氣，並充滿女性的魅力。

白色的配色

白色的色感光明，性格樸實、純潔、快樂。白色具有聖潔的不容侵犯性。因此，白色性格的人不喜歡受到別人的控制，不喜歡為任何人改變自己。如果在白色中加入其他任何色，都會影響其純潔性，使其性格變得含蓄。

在白色中加入少量的紅色，就成為淡淡的粉色，鮮嫩而充滿誘惑。在白色中加入少量的黃色，則成為一種乳黃色，給人一種香膩的印象。在白色中加入少量的紫色，可誘導人聯想到淡淡的芳香，給人清冷、潔淨的感覺。在白色中加入少量的橙色，有一種乾燥的氣氛。在白色中加入少量的綠色，給人一種稚嫩、柔和的感覺。

以上所說的主要是顏色的調和，此外，在生活的很多方面我們也可以用到色彩的搭配，比如說著裝的搭配，室內的布置等。

第六章　色彩與性格

喜歡不同色彩的人體現了不同的性格傾向，這就像九型人格一樣，從某個側面反映了一個人的心理傾向和性格特徵。因此，我們可以從一個人喜歡的顏色來分析這個人。不過隨著每個人經歷事情的不同，所處環境的不同，他們所喜歡的顏色也會隨之改變，但是也正是這些變化才得以很好地反映這個人的內心世界。

白色性格人的基本特徵

白色是一種包含光譜中所有顏色光的顏色，通常被認為是「無色」的。可以將光譜中三原色的光——紅色、藍色和綠色按一定比例混合得到白光。光譜中所有可見光的混合也是白光。

白色給人的印象有潔淨、光明、純真、樸素、恬靜等。在它的襯托下，其他色彩會顯得更鮮麗、更明朗。白色象徵著單純，代表著神聖、理想。給人純潔、冷峻及空虛之感。

李恩昕和楊志宇交往已經半年了，但最近她越來越搞不清楚男友到底是一個什麼樣的人了。她覺得楊志宇不愛她，因為楊志宇很少主動對她說甜言蜜語，交往這麼久了，甚至連一句「我愛你」都沒有表達過。

他們的交流似乎永遠停留在日常瑣事上，這對於看重精神交流的李恩昕來說是遠遠不夠的。可是楊志宇並不這麼認為，他覺得這樣的日子很好，沒什麼需要挑剔的。最讓李恩昕受不了的是，楊志宇說他不會為任何人改變自己，而她覺得，如果楊志宇愛她，就應該主動為她改變才對。

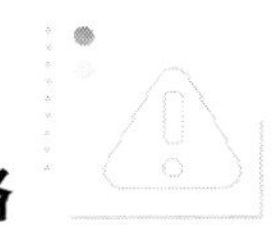

當她向楊志宇表達自己心中的想法時，楊志宇非常認真地告訴她：「妳想多了。」看著他真誠又凝重的表情，李恩昕第一次感受到了他的在乎。

其實，楊志宇就是一個典型的白色性格的人。白色性格的人有一些和它的物理特性相符合的心理特點，下面我們將簡單地介紹幾點。

很強的包容力

正如白色是一種包含光譜中所有顏色的光一樣，白色性格的人包容力也特別強。在他們的生活中加入任何顏色他們都可以自行平衡，所以白色性格的人是很容易和其他顏色性格的人和平相處的。他們是以和為貴的人，最能扮演和平使者。對人對事寬容有耐心，和善沒脾氣，能避免矛盾和衝突。

白色還給人寧靜的感覺，所以白色性格的人願意付出任何代價，以避免一切正面衝突，只為求得生活的平靜。他們不希望在人生旅途上遭受大風大浪，而希望永遠在風和日麗的大海上遨遊。他們希望身邊的人能給自己這種安寧的生活，對於溫和者他們會主動敞開胸懷，這樣的環境讓他們感到舒服。

然而，碰到不講理的對待時，沉默而強烈的抵抗心理就會冒出來。他們對斥責十分反感，也厭惡尖銳的口角。當他們感受到敵意時，就會把自己收縮起來，採取逃避的態度，而不是主動去改變這種不和平的環境以讓它變成自己喜歡的「安寧」狀態。因此說，「感覺到善」對他們而言，比成為「善的化身」更具意義。

避免被控制

紅藍性格的人喜歡控制別人，而白色性格的人卻不喜歡控制別人，同時也非常強烈地避免受到別人的控制。尤其是在當他們感覺對方並未付出對他們應有的尊重時，他們就會拒絕生活在別人的控制之下。

白色性格的人比較自我，是典型的「我行我素」性格。他們喜歡按照自己的作息、方式做事。相比別人的建議和評價而言，他們更在乎按照自己的感覺做事情。白色性格的人希望得到的是暗示而不是指示。他們喜歡別人徵求他們的意見，但他們不會主動提供意見。

白色性格的人珍惜別人的尊敬，但不會為了尋求它而超出自己的常規，他們平時表面上看起來很安靜，好像什麼也能包容，實際上，他們的內心卻有一套自己的原則，而且任何事情都不能超出這個原則。白色性格的人不會干擾別人，也

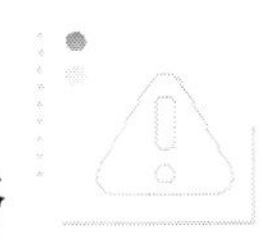

絕不讓別人干擾自己，只有在被逼得忍無可忍的時候，才會傾瀉出憤怒，當他們「終於爆發」時，是很令人吃驚的。

感情不外露

偏愛白色的人大多不會將感情清楚地流露在外。對他們來說，向所愛的人、所關心的人直接表達心中的情感是一件非常困難的事情，因為他們實在不習慣把內心最深處的感情流露在外面。然而，對於一些無關痛癢的感情，白色性格的人倒是不會刻意遮掩。比如，他們會直接表達自己對某件東西的不喜歡，這是因為他們更在乎按照自己的感覺來行事。

他們需要有人好好地哄著，才願意敞開心扉談論自己的本領、癖好和興趣等。他們不喜歡主動表現自己，所以在生活中，他們絕不是那種光芒四射的人。但是，白色性格的人其實擁有不少突出的優點，如為人真誠，做事努力認真，責任感強，對事物具有強烈的感應力，感情豐富，對生活也特別有靈感，對家與家人完全付出，是一個超級愛家的人。

黑色性格人的基本特徵

黑色是最為凝重的色彩，莊重肅穆。這種感覺來自人對黑暗的體驗，因為一直以來人類對黑暗都有所敬畏，所以黑色使人感到神祕、恐怖、空虛、絕望，並且有精神壓抑感。其實，黑色性格的人並不一定像人們所認為的那樣，他們也有其他特點。

孝源記得自己第一次喜歡黑色是在國中的時候，那一段時間，他特別迷戀黑色，主要是喜歡買黑色的衣服，因為這會讓自己看起來很酷。一個人在家的時候，他喜歡偷偷地穿上爸爸的黑大衣在鏡子裡欣賞自己，每當這時，他都覺得自己看起來像一個黑社會老大。

然後上了高中，他好像不那麼喜歡黑色了，甚至都忘了自己曾經那麼痴迷於黑色。直到他大學畢業後，成為一名公務員，進入政府部門工作，這讓他又一次成為了「黑色控」，似乎只有這樣，他才會覺得自己看起來不是那麼的幼稚，而是有一種權威的感覺。

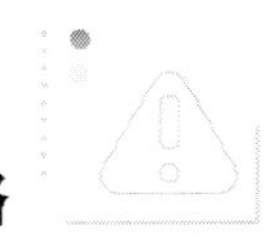

成熟和權威

黑色給人一種成熟的感覺，因為一般情況下，成年人會選擇黑色的衣服或者其他黑色的東西。其實，還有一部分人在青少年的時候就喜歡黑色，主要是給人一種裝深沉的感覺。其實，他們不是為了裝深沉，也不是為了裝酷，而是青春期孩子對幼稚的一種排斥而已，在成長的道路上他們需要象徵成熟的黑色來給自己一個保護和暗示，以證明自己馬上就要長大成人了。

對於成年之後仍然酷愛黑色的人來說，這種人一般有兩種情況，要麼是本身就非常有威懾力和權威感，如我們所看到的黑社會老大、政府要員，他們通常會選擇黑色的轎車，穿黑色的服裝；要麼就是內心比較懦弱，但渴望強大的人，這類人常會透過對黑色的喜歡來表達內心對權力的渴求。

黑色性格的人很情緒化，但是重壓之下他們會表現得很自然。他們通常會很複雜、高貴、戲劇性、正式並且給人一種強有力的感覺，且可能會成為非常有權力和威懾力的人。

堅定和自制

黑色性格的人通常意志力比較堅定，這和他們的固執、不容易變通有關。只要是他們認定的目標，都會堅定不移的走下去。黑色性格的人通常比較自制和自律。也就是說，自控能力和抵制誘惑的能力比較強。

如果他們一旦選擇了目標，那麼就能克服在實現目標的過程中的種種阻礙，這是黑色性格的人的一大優點，他們做事情，總是比一般人要認真、執著、能吃苦。

與世界保持距離

喜歡黑色的人有時是想顯得與眾不同，因為黑色和其他顏色有著明顯的不同，所以可以使他們透過黑色有意地與世界保持一定距離，以劃清界限，但這有時反而給人一種不易接近、沉默、神祕的感覺。喜歡黑色的人通常有自我壓抑的個性，因此穿著一身黑的女性意味著她更需要男性的保護。

黑色能使高貴中帶有一絲威嚴氣勢，也帶有些許神祕的性感色彩。喜歡黑色

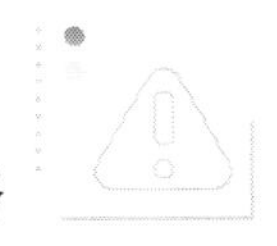

的人通常還有較強的心理壓力。他們喜歡一人獨處，外表給人冷靜、成熟的印象，但常太過肅穆，不易接近。不健康的黑色性格，通常很極端，強烈追求完美，對幾乎所有事情都非常不滿，認為每件事情都不合理，會為此感到痛苦，不願意讓別人知道自己的心思，也聽不進去別人的意見，這種人最易引發不良情緒，如絕望、痛苦。

紅色性格人的基本特徵

紅色是一種鮮明的顏色，正如紅色的物理特性一樣，紅色性格的人也給人一種非常鮮明的感覺，它是精力、快樂、冒險的代表。它所代表的性格特點是勇敢、果斷、愛憎分明、敢於冒險、不屈不撓。

快樂是他們永恆的追求

追求快樂是紅色性格的人的基本動機。紅色性格的人的人生目的在於對快樂的無限追求，做事情的絕大多數動力來自於快樂和對於無限自由的嚮往和追尋。

紅色性格人的基本特徵

如果說黃色的積極是因為他們的「不服輸」。那麼紅色的積極，更多是因為他們「嚮往快樂和美好」。這正應驗了電影中的臺詞「不開心，就算長生不老也沒用；開心，就算只能活幾天也足夠。」紅色對於快樂的嚮往，讓他們可以用童心來欣賞一切，這種生活態度和哲學將使他們不會複雜化。

紅色性格的人以喜悅擁抱每一件事情，他們最懂得享受生命，無論他們從事的是什麼工作，即便正在做苦工也樂在其中，他們永遠相信——最好的還沒有到來。健康的紅色能在每件事情中看到美好的一面，即使是他們不理解的事物都能使他們快樂。當他們對生命抱以開放和接受的態度時，生命帶給他們的意義也更加豐富。

紅色性格的人不但喜歡追求快樂，他們獨有的感染力也會使他們成為快樂的製造者，如綜藝節目的主持人，他們就是紅色的典型代表。雖然紅色性格的人也會被一些事物困擾，但他們對自由的強烈渴求，將本能地分辨出包袱並毫不猶豫地甩開它。

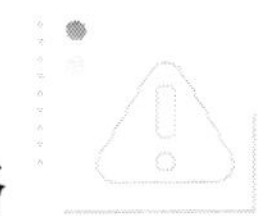

喜歡追求新的刺激

紅色性格的人看重人生的體驗，他們喜歡追求新的刺激，追求生活的多變。他們的注意力容易專注在新的人物或者觀念上，對新人或者新事物保持強烈的幻想。

他們喜歡新主意、新思想、新事物，以及一切新鮮的刺激，並能在體驗變化的過程中得到無限的樂趣。由於這個世界的變化是無窮的，所以他們能夠一再的經歷這種狂喜。

具有領導的天賦

在紅色性格的人中，有三點決定了他們適合當領導者。首先，他們渴望權力，具有很強的操控欲望，希望別人能受到自己的感染，是天生的工作狂，喜歡有效率的工作模式。其次，紅色性格的人善於表達、反應機敏、善於製造氣氛、能用生動的語言來描述事情。這是領導者不可或缺的主要能力。最後，紅色性格的人喜歡嘗試新事物，而對於一個領導者來說，就應該對市場有敏銳的洞察力，並善於改變模式、勇於創新。

缺乏堅持

紅色性格的人總是希望努力創造童話故事般的結局，在他們決定要去追求成功時會充滿壯志豪情，並能運用他們的爆發力奮鬥一陣。然而，如果沒有快速的成功回饋，沒有足夠的欣賞和外部鼓勵，他們就會很容易放棄，並尋找藉口立即轉移到另外一個目標。

「半途而廢」是紅色性格的人最常出現的寫照。因為他們非常在乎別人的鼓勵和注意，所以若你身邊有這樣的朋友，不妨在他們決定放棄某件事情的時候多給他們一些支持。

橙色性格人的基本特徵

橙色又名橘色，它的名字取自水果，讓人感覺特別親切。橙與紅同屬暖色，具有紅與黃之間的色性，使人聯想起火焰、燈光、霞光、水果等物象，是最溫

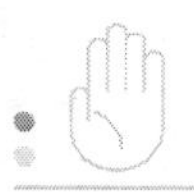

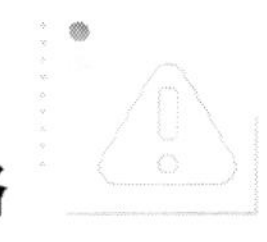

暖、閃亮的色彩。橙色是活力的象徵，是高興和歡喜的顏色，給人熱鬧、快樂的印象。此外，泰國、印度、緬甸和尼泊爾等國的僧侶都穿橙色的僧袍，他們之所以願意終身穿橙色，是因為他們認為橙色代表著最高的幸福和愛。

李怡廷是一個典型的橙色性格的人，在她身上表現最突出的就是她的社交能力，真的讓人不得不讚嘆。每次公司裡來了新人，她總能首先用她那招牌笑臉主動和他們打招呼，讓人覺得這個前輩真的很隨和，所以平時有什麼不懂的事就會來請教她，這自然也就增加了她的好人緣。更讓人讚嘆的是，經常會看見她和不同的陌生人說說笑笑的出入辦公室，其親密程度好像是多年未見的老朋友一樣。一問才知道，那些都是別間公司的，只不過在同一棟大樓，偶爾在電梯裡碰到，打聲招呼，幾次下來也就很熟悉了。

出眾的社交性格

善於社交是橙色性格的人最顯著的特點，所以橙色素有社交色之稱。橙色是奪目的，正像那些遊走於各個場合的社交家一樣受人景仰。橙色性格的人喜歡與人在一起，不喜歡獨處，非常善於與人打交道。在社交場合自信有魄力，同時也非常尊重他人，可以與任何人融洽相處。這種人最適合從事推銷員、服務員、公關等工作。

橙色性格的人經常笑臉迎人、先向人打招呼問好。在一個團體中，他們是非常好的激勵者，有一種號召力，善於影響別人，能讓同伴非常樂於與他們合作，從而促使目標的達成。雖然說喜歡橙色的人基本上不怕生、不拘束、比較開朗，但並不是說所有喜歡橙色的人都這樣，也有些是不太擅長交際的。

積極、活力

橙色還常常象徵活力、精神飽滿，它基本上沒有消極的文化或感情上的聯想。橙色性格的人非常喜歡新鮮事物或是稀奇古怪的東西，對人生擁有無盡的趣味。若一個橙色性格的朋友來你家做客，你會發現他經常會東看看，西瞧瞧，甚至還會亂動你的東西。這對於有些人來說的確是不舒服的，不了解的人會覺得這個人是不是性格有缺陷，隨便翻別人的東西。其實，這是橙色性格的人都具有的特徵，他們就是喜歡探究、搜尋。此外，橙色性格的人靈活、坦率、有號召力、反應迅速、有魄力，他們的身上經常洋溢著熱情與力量，快樂但不幼稚。

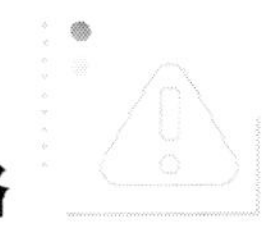

善於思考、有主見

橙色性格的人表面上看起來像個小孩子一樣，彷彿永遠不知疲倦的快樂著，其實，他們非常有主見。他們勤於思考，會為自己設定明確的目標，清楚地知道自己要做什麼，而且一旦認定的事情，即使是不喜歡做的繁瑣的工作也願意去做，並會堅持不懈地去實現，所以說他們的意志力也是很堅韌的。

他們行事有主見但不武斷，能夠將生活與學習調適得非常自如。也就是說，他們會玩也會學，善於調節自己，非常靈活，經常會用一些變通的方式，讓自己不至於長時間處於非常大的壓力之下。這種性格中自然的平衡能力將有助於他們快樂而充實地去學習、工作與生活。

時尚的引領者

橙色還是時尚的代表。橙色性格的人一直以來都是時尚的引領者。想知道各大品牌的流行走向問他們準沒錯，這類人對時尚走向的把握非常的敏感。

黃色性格人的基本特徵

黃色是所有色相中明度最高的色彩，給人輕快、光輝、活潑、輝煌、希望、功名、健康等的印象。但是，由於黃色過於明亮而顯得刺眼，並且與其他色相混易失去其原貌，故也有輕薄、不穩定、變化無常、冷淡等不良含義。與黃色的物理特點一樣，黃色性格的人也具有這樣一些相似的特點。

謝家賢是剛進入公司的新人，凡事都會盡最大的努力表現自己，只為了給大家留下良好印象。可是謝家賢的努力似乎過了頭，他經常主動加班，有時甚至連午餐時間都不休息，給人的感覺像是一根繃緊的弦，隨時等待發射。因此，那些同時進公司的新人大多不願意和他一起工作，這讓他們產生了強烈的危機感。可是謝家賢覺得，現在競爭這麼激烈，如果自己不努力，隨時都會被公司淘汰，所以他必須成功。

喜歡用行動來說話

黃色性格的人喜歡「非黑即白」的生活態度。對於曖昧、指揮系統的混亂十分

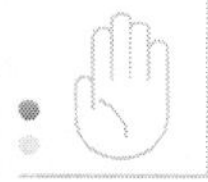

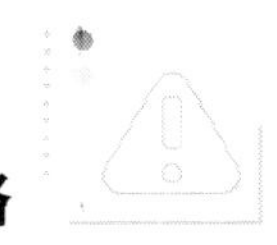

敏感和難以容忍。這種性格的人總是迅速準備行動，並且講究速度和效率，有強烈的隨時行動的欲望和衝動，樂於把精力放在與外部世界的接觸中，如果沒有事情做，他們會非常難受。

與紅色性格的人一樣，黃色性格的人對事情也很容易厭煩，所以總愛找新刺激，他們不可能長時間沒事耗著。黃色性格的人在行動上還有一大特點，那就是愛玩耍。在一場派對中，你會發現，那些最會玩、最能帶動氣氛、玩得最快樂的人常常是黃色性格的人。

平等的感情需求

對於黃色性格的人，他們的親密關係必須建立在平等的基礎上。因為他們無法與比他們好或比他們差的人建立親密關係，導致他們常常錯失很多真正的朋友。愛情中的黃色相對於其他顏色來說甚至是有些「冷漠」的，他們不迷戀那些卿卿我我、如膠似漆的感覺。對於黃色的人來說，甜言蜜語堆砌成的愛情是輕浮的、不可靠的。

黃色性格的人是最不受感情負累的人，他們喜歡兩個人都是獨立的。因此，他們往往會被那些有實力同時又能給他們自由空間的人所吸引。因為在親密關係中更強調平等，所以他們希望另一半也是強者，這樣足以與自己匹配，甚至是讓自己佩服和可以學習的對象。但是，如果另一半的強勢讓他感覺受到壓制，會使他們之間的關係陷入矛盾。

因此，黃色性格的人的愛情是「成也蕭何，敗也蕭何」。他們的情感還有一個很大的優點，就是理性，不情緒化，這也是成功人士必備的一種情商。外在的挫折和評價對他們來說是理所當然的，而他們能做的就是不斷克服困難，繼續前進，堅持自己所選擇的道路和方向。

以目標為導向

黃色性格的人有一個顯著的特點，那就是以目標為導向，不達目標，誓不罷休。在生活中，他們會不停的設定目標以推動前進，所以黃色性格的人常常會成為工作狂。他們之所以會這樣，是因為出於對成功的迫切追求。在他們看來，如果他們不分秒必爭，就將會淪為無業游民，所以他們把生命當成了一種競賽。他們這種「賣命上進」的做事風格常會給周圍人帶來很多壓力，因為過度緊張而逃

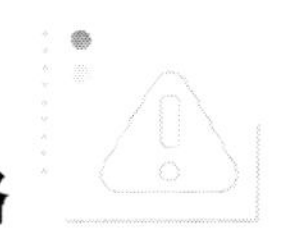

避，導致很少有人願意和他們在一起。

但是，黃色性格的人自己並不在乎是否有人和他們在一起，他們只在乎自己的成就和是否達到期望達成的目標。為了工作，他們不但會犧牲個人生活，還會要求周圍的人也同樣如此。要讓黃色性格的人意識到工作只是人生的一部分是非常困難的，對他們來說，重要的是成績和能力，而不是自己的感情。

這種對工作痴迷的價值觀，即是黃色的嚴重侷限性。正因如此，黃色非常害怕失敗，不願涉足有可能失敗的工作。他們一旦失去成就或地位，自尊心就會受到嚴重傷害，所以他們常擔心因為懈怠而失去原有的地位。

健康的「黃色」是具有社會意識的領導者，能運用他們的熱情和希望激發別人、影響別人，和人群及有價值的目標建立起深厚的連繫。不健康的「黃色」是驕傲自負、積極幹練的野心分子，不帶感情且不顧人際關係，為了達目的而支配他人。

綠色性格人的基本特徵

綠色是一種平和的顏色，在大自然中，除了天空、江河、海洋外，綠色所占的面積最大，它象徵生命、青春、和平、安詳、新鮮等。綠色是讓人放鬆的顏色，在所有色彩中它是可以讓人注視最長時間，並且十分有益健康的色彩。同綠色本身的特性一樣，具有綠色性格的人也可以給人一種非常舒服的感覺。

昭廷就是一個典型的綠色性格的人，她情緒平穩、為人隨和、寬厚待人，和周圍的人都能友好地相處，幾乎從來不起衝突。大學的時候，六個人一間宿舍，相互之間難免會鬧彆扭，但昭廷卻是唯一一個和每個人關係都很好的人。

因為她的性格中沒有鋒芒，又善於理解他人的處境，所以室友中有人遇到困難都願意找她傾訴，而且她從來不會帶著負面評價來指責朋友的不正確做法。在大家看來，昭廷的心態非常好，對待事物的看法也似乎很客觀，從來不和大家爭什麼。

可是，有一次，一位好朋友對她說：「你這種性格說得好聽點是隨和，說得難聽點就是缺乏主見。」

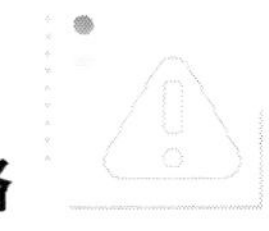

昭廷聽到後很驚訝：「是啊，很多時候，正是為了不和大家起衝突，我才把壓抑了我的看法。」

適合做知己的顏色

如果你現在非常有壓力或者高度緊張，如今天被老闆罵了一頓，公司可能要裁員，女朋友要和你分手，房貸的壓力壓到喘不過氣來……這時，要是有一個綠色性格的朋友在你身邊，他一定會耐心的聆聽你的苦惱，並給予適時的安慰和鼓勵，讓你如沐春風。

綠色性格的人是溫暖而富有同情心的聆聽者，他們不帶有任何批判或者提供任何意見，而只是想體驗你的感受。這時，你也完全不用顧慮自己大倒苦水會不會影響他們的心情。因為綠色性格的人「消化」能力很強，其他人的痛苦和焦慮都不會從本質上影響「綠色」的心情，所以說他們是一個淨化器，而非垃圾桶。如果你有一個「綠色」的家人或朋友，就意味著你有了一個溫暖的知己，一個忠實的支持者，一個不挑剔的夥伴。他們會一直跟在你的身後為你加油，你可以和他們推心置腹卻不需要反過來聽他們的心聲，也不用擔心是否浪費了他們的時間，因為綠色性格的人往往認為付出是應當的，他們享受這種給別人帶來溫暖的過程。

追求穩定的生活

綠色性格的人有追求穩定的天性，他們寧願固守一個工作、一個朋友或者一個家庭，也不願意主動去找一個更好的，他們覺得我現在這個就已經不錯了，沒有必要再花時間和精力去找一個更好的。這與藍色性格「沒有最好，只有更好」的心態完全不同。

他們安於現狀，對自己現在的狀態感到十分滿意，沒有強烈要去改造或者改變的意願。有人認為綠色性格的人是不思進取的，其實不然，和藍色性格相比，綠色性格的人確實沒有要追求做到最好的境界，可是他們對自己也是有要求的，他們希望自己是優秀的，但不一定是最好的。所以說，他們的「不思進取」是有前提的。

和諧的人際關係

綠色性格的人最在乎和諧，挑起事端的作為向來跟他們無緣。如果去逛街，

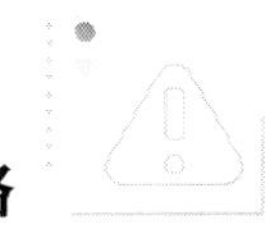

他們幾乎不會買鮮豔的衣服，暗一些、淡一些的顏色是他們的最愛。如果在人群裡出現了什麼不和諧的「音符」，那一定不是綠色性格的人發出的；若是他們不小心發出的，他們會比一般人窘迫很多倍。

綠色性格的人是脾氣最好的人。有人曾有一個誇張的說法，說他們一輩子發脾氣的次數都能夠數得出來。前面也講過，白色性格的人脾氣也非常好，但他們和綠色性格的人是不同的。白色性格的人很自我，很有主見，如果你干涉到他們的生活，讓他們感受到壓迫感和被控制感，那麼就不要期待他們還會有好脾氣了。而綠色性格的人則不一樣，因為他們常常以他人為中心，很在乎別人的看法，所以有時他們寧願放棄自己的原則來維持友好的人際關係。綠色性格的人最怕和別人吵架、起衝突，所以他們擁有和諧的人際關係，也總是有很好的人緣。

缺乏主動和熱情

綠色性格的人不善於主動，那是因為他們不確定對方到底需不需要自己的主動，而且嘴上也不好意思說，所以對於那些剛認識的人，往往會覺得他們不夠熱情，其實不是的。在他們的內心有一股暗湧，只是因為種種外在因素沒有表達出來而已。他們是最善良的人，很怕給別人帶來麻煩。

藍色性格人的基本特徵

藍色是一種非常沉穩的色彩，生活中有很多人喜歡藍色，而且多是源於對藍天和大海的痴迷。藍色屬於冷色系，所以擁有藍色性格的人是深沉的、內斂的、嚴謹的、自律的。

老王是一位高中數學老師。在同事的眼裡，老王教書嚴謹又專業。可這樣的好老師，對學生卻是極其吝嗇表揚的。學生就算考了好成績，或者有了很大的進步，他也不會表揚。這難免會打擊學生的積極性，以為老師不關心他們。其實，老王只是個絕不願意把讚美表達出來的藍色性格人。

追求完美的色彩

藍色性格的人的人生絕大多數動力來源於對完美主義的追求，所以藍色性格的人非常嚴謹。他們以細節為導向，和他們在一起需要系統性、有邏輯性、準備

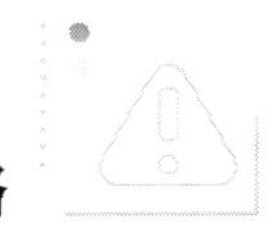

充分以及精確度。

他們需要時間用來做決定並獨立工作，比較適合團隊管理調查、處理數字等精確性的工作。藍色性格的人喜歡在智力方面得到稱讚，所以要在適當的肯定他們的貢獻，如效率。藍色性格的人是嚴格遵守時間的人，所以對他們的時間要保持敏感。若和一個藍色性格的人約會，你最好不要遲到，因為這會引起他們的不滿。當然，也不要到太早，除非你已經想好了怎麼消磨時間，因為藍色性格的人幾乎都會準時到達。

無論是做事的完美主義還是對情感關係的要求，無論是對自己還是他人，藍色性格的人的內心總是希望完美。他們對自己和他人都持有高標準的批判，有時這種標準高到連自己都無法滿足的地步，更不用說別人了。這也就是說，為什麼他們適合獨立工作了，因為他們這種挑剔的性格使他們的人際關係不好。追求完美同樣造就了他們謹慎小心的性格，因此他們不會輕易相信別人，很多時候對事物持懷疑態度，也很難上當受騙，且極少做冒險的事情。

憂鬱的色彩

在英文中，藍色被稱為「blue」，此外，它還有另外一個意思，即「憂鬱的」。藍色性格的人內心有一種天生的悲劇情懷。他們喜歡在孤獨、憂鬱中思考、觀察並且思索生命的意義，他們認為孤單是一個人的狂歡。

在他們冷漠的外表下，是一顆敏感、膽怯的心。正因為如此，他們對人的防禦性比較強，不會輕易相信別人。但是，在內心深處，他們對所愛的人是願意付出一切的。他們忠誠可靠，可以讓人放心將工作交付給他們。他們也是最忠實的朋友，不管面臨什麼挑戰，都會與你並肩而行。

藍色性格的人認為生命應該充滿苦難和坎坷，一旦生命變得一帆風順，他們就會懷疑似乎突然失去了生活的意義。因此，藍色性格的人的外表顯得沉悶且不喜歡開玩笑，也不喜歡透過擁抱和肢體上的親密接觸來傳達情感。過分的敏感與多疑將嚴重侵蝕並且影響著他們的內心。藍色性格的人感情細膩、善解人意、具有同情心，見到可憐的人、傷感的事就容易動情，特別善於去理解別人的感受，也很尊重別人的感受。

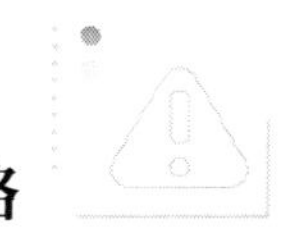

藍色性格的缺點

過猶不及，任何事情都應該有個限度才對，但是由於藍色性格的人有時掌握不住這個限度，反而讓優點變成了缺點。

首先，他們過分認真。藍色性格的人做事通常非常認真，有時候會認真得過了頭，而過了頭的認真就是較真，甚至是鑽牛角尖。

其次，他們過分嚴肅。藍色性格的人極其嚴肅，很少喜形於色，這和紅色性格的人相比起來，就讓人感覺到了些許的不親近感。

再者，他們缺乏情趣。藍色性格的人缺乏情趣主要表現在缺乏幽默感和浪漫情懷上。對「嚴肅」的他們來說，開那種無關痛癢的玩笑是非常困難的事情，他們的生活充滿了步驟和程序，是十分嚴謹的。

粉色性格人的基本特徵

粉色可由紅色和白色調和而成，是一種非常柔美的色彩，給人一種不容玷汙的美感，所以粉色一般是大部分女孩子喜歡的顏色，是一種柔情裡透著高貴的色彩。

吳振宇身高一百八十三公分，身材魁梧。可誰也想不到，就這樣一個又高又壯的男生，竟然喜歡粉色。他從小在一個富裕的家庭中長大，上有兩個姐姐，作為家中唯一的男孩，受到了家人無盡的疼愛。

這個外表看起來粗枝大葉的男孩卻特別的細心，還很會照顧人，所以在大學裡深受班上女生的喜歡，姜佩璇就是其中的一位。兩人交往後，她卻發現這個大男生並沒有想像中堅強，也有非常柔情的一面。比如，看電影的時候，他會被感動得淚流不止；會記得每一個節日，每一個特殊的日子；會在遇到挫折的時候向她尋求安慰和幫助。

高度的審美觀

喜歡粉色的人通常是在富裕的家庭中長大、家教良好又偏理性的孩子。其中，喜歡淡粉色的人具有高貴典雅的氣質，對事物具有高度的審美觀，給人一種公主或王子的感覺。喜歡深粉色的人在性格上比較接近喜歡紅色的人，也有活潑

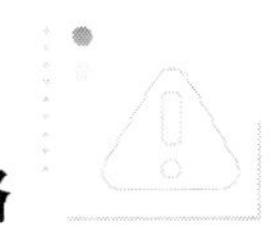

熱情的一面，但他們的熱情張弛有度，有著大家閨秀的教養，性格具有哀而不傷、喜而不狂的特點。

體貼柔順

大部分喜歡粉色的人從小就生長在一個充滿愛的環境中，因此養成了他們細心體貼的特點。他們很會照顧人，這正是由於他們也同樣充滿愛心。他們性格溫和、柔順，是和平主義者，但有時卻非常敏感，容易受到傷害。

獨處時，他們總沉浸在幻想中，嚮往著浪漫的愛情和完美的婚姻。喜歡粉色的男性大多有著溫柔的個性，心胸也比較寬廣，外表堅強但內心脆弱。他們雖然已經非常敏感了，但似乎還希望自己更敏感一些。

較強的依賴性

對兒童心理的研究表明，熱愛粉色的孩子與父母的關係特別親近，在心理上很依賴父母，大小事都希望大人替他們做決定，站在前面替他們當擋箭牌。如果父母拒絕當擋箭牌，讓他們自己去解決時，他們的眼淚馬上就像壞掉的水龍頭，關也關不住。

成人後，他們非常希望自己的戀人或者配偶能像大樹一樣，為他們遮風擋雨。但這並不是說他們就沒有獨立性和自主性，其實他們也是要求自主的，只不過這個自主有個前提，就是他們無論做什麼事情，都要確保身後有一個堅實又安全的力量支撐著他們。

戀愛之色

粉色還是一種戀愛之色，如果讓戀愛中的人選擇一種顏色代表目前的狀態，大部分人都會選擇粉色，因為它象徵著溫馨、浪漫。有一個有趣的現象，有些女性原本對粉色沒有特殊的感情，既不喜歡也不討厭，但有一天她會突然愛上粉色，那麼這肯定與她想得到男性的關注有關。因此，喜歡粉色的人內心往往是充滿愛的。

第七章　色彩心理學的要素

色彩本身是具有心理特徵的，這些心理特徵透過色彩的色相、明度、彩度等展現出來。這種色彩對人們心理的影響是在歷史進化中逐漸形成的，所以還會不斷傳承下去。了解這些色彩心理方面的知識，不論對你的日常打扮，還是對家具布置都會很有幫助。

色彩的基礎——色相、明度、彩度

色彩所傳達的訊息無時無刻在影響著我們的生活。在日常生活裡，無論衣、食、住、行、娛都與色彩有著密切的關係，所以認識色彩將會使生活變得更加美好。色彩是透過眼、腦和我們的生活經驗所產生的一種對光的視覺效應。

之所以這樣說，是因為人對顏色的感覺不僅僅由光的物理性質所決定，還有眼睛的功能——如色盲的人就不能感受色彩；人腦——如果腦部的視覺區有問題，就算眼睛正常，也無法正常感受色彩；生活經驗——如人類對顏色的感覺往往受到周圍顏色的影響，同樣是黃色，在藍色背景下的黃色就比在白色背景下的黃色顯得更亮。

以下我們將要給大家介紹的是色彩的三個屬性：色相、明度和彩度。

色相

色相是區分色彩的主要依據，是色彩的最大特徵。色相即每種色彩的相貌、名稱，如紅、橘紅、孔雀藍、黃綠等。蘋果是紅色的，這紅色便是一種色相。色

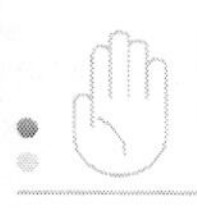

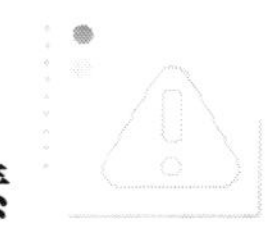

相的種類很多，普通色彩專業人士可辨認出三百至四百種，但假如要仔細分析，可就有一千萬種之多。

最初的基本色相為紅、橙、黃、綠、藍、紫。在各色中間加插一兩個中間色，若為其頭尾色相，則按光譜順序排列為紅、橙紅、黃橙、黃、黃綠、綠、綠藍、藍綠、藍、藍紫、紫、紅紫。紅和紫中間再加一個中間色可製出十二種基本色相。因此，我們現在知道的很多非基本色相就是這樣得來的。

明度

明度是指色彩的明暗程度，明度的高低要看其接近白色或灰色的程度而定，越接近白色明度越高；越接近灰色或黑色，明度越低。

色彩的明度差別包括兩個方面：一是指某一色相的深淺變化，如紅色有明亮的紅或暗紅，藍色也有淺藍和深藍之分；二是指不同色相間存在的明度差別，如在六種標準色中黃色明度最高，紫色明度最低。無彩色明度的最高與最低，分別是白色與黑色。

彩度

彩度是指色彩的強弱，也可說是色彩的飽和度。色彩純與不純的分別，有時也可以被稱為純度。純粹色彩度發揮其固有的特性，達到飽和度的顏色或稱為純色。也就是說，當純色與黑、灰、白或其他色彩混合以後，彩度就會降低。

相對於大紅色來說，深紅色、玫紅色的彩度就比較低，因為它們的純度不如大紅色的純度高。如此說來，粉紅色、粉藍色、粉綠色等便是低彩度的顏色。彩度常用高低來描述，彩度越高，色越純，越豔；彩度越低，色越澀，越濁。純色是彩度最高的一級。黃色的彩度最高，其次是橙、紅、青、紫。

除了顏色本身的彩度外，物體表層結構的細密與平滑也有助於提高物體色的彩度。同樣純度彩色油墨印在不同的白紙上，光潔的紙印出的彩度高些，粗糙的紙印出的彩度低些。能使物體色純彩度達到最高的包括絲綢、羊毛、尼龍、塑膠等。

我們有時會遇到這樣的問題，明知自己適合穿綠色的衣服，為什麼買回來之後，卻覺得怎麼看也沒有另外一件綠色的衣服好看呢？原來，同樣是綠色，但因

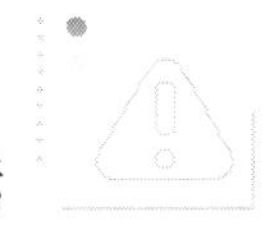

其彩度不同才造成了這樣的區別。因此，學習了關於色彩的一些基本屬性之後，我們就可以用於日常生活了。

何謂「色彩力」

色彩力是近年來出現的一個新名詞，從字面意思上來看，可以理解為「色彩的力量」。那麼，它是一種怎樣的力量呢？即色彩對心理健康的影響力。人們早就發現，顏色能直接影響身心健康，對治療人體疾病有一定的作用。海外有一些科學家利用藍色治療肝炎、關節炎；用黃色和橙色治療貧血、支氣管炎、便祕；用深藍色緩解疼痛；用紅色促進血液循環；等等，都獲得了十分明顯的效果。

日常生活中，色彩無處不在。它是視覺傳達訊息的一個重要因素，能表達情感，給人們帶來不同的情緒、精神以及行動反應。現代科學揭示，人類對色彩的感覺是一個複雜而微妙的過程，這個過程包括心理、生理、化學和物理等變化。

色彩進入眼簾，能引起人們多樣的感情和心理效應，如在心理上產生冷暖感、輕重感、軟硬感；在情緒上產生明快與憂鬱、興奮與恬靜等效應。

這些色彩是怎麼引起人的生理與心理反應的呢？據研究，顏色之所以能對人體發揮作用，是因為光線是由一系列頻率、振幅不同的流動的波所組成的，所有顏色都能透過一系列波的振動，在人體內引起生物微電波的抑制和共鳴，從而影響人的情緒及精神狀態。此外，還有一點原因，是由於聯想的作用。比如，我們看到綠色，會想到森林、草地，因而會感覺涼爽；看到紅色，會想到烈日、鮮血，因而會感覺躁動。色彩所帶給人的影響還要受到思考者的經歷、民族、地區、環境、文化、修養等諸多因素的影響。一個人所處的色彩環境不同，他所表現出來的心理和身體的感受也會不同。

那麼，讓我們來看看不同的顏色都會對人產生哪些影響吧！

藍色

藍色具有調節神經、鎮靜安神的作用。藍色的燈光在治療失眠、降低血壓和預防感冒中有明顯作用。此外，藍色對肺病和大腸病有輔助治療作用。但是，藍色也被稱為憂鬱色，它容易引起人黯然的情緒，所以患有精神衰弱、憂鬱病的人不宜接觸藍色，否則會加重病情，尤其是那種憂鬱特質人格的人，切忌過多地使

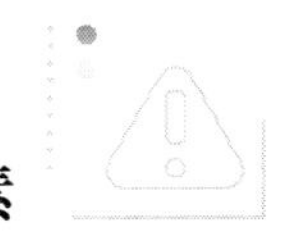

用藍色的家具、裝飾、衣服等。

粉色

粉色會讓人想起善解人意的少女，是溫柔的最佳詮釋。這種紅與白混合的色彩，非常明朗而亮麗，意味著「似水柔情」。實驗發現，讓發怒的人觀看粉紅色，情緒會很快冷靜下來，這是因為粉紅色能使人的腎上腺激素分泌減少，從而使情緒趨於穩定，所以孤獨症、精神壓抑者不妨經常接觸粉紅色。

黃色

黃色是人出生後最先看到的顏色，是一種象徵健康的顏色，它之所以顯得健康明亮，是因為它是光譜中最易被吸收的顏色。黃色能促進血液循環，增加唾液腺的分泌，刺激食慾，並能激發憂鬱病患者的欲望和意志活動，所以它具有雙重功能：對健康者有穩定情緒、增進食慾的作用；對情緒壓抑、悲觀失望者卻有加重這種不良情緒的作用。

綠色

綠色是令人感覺穩重和舒適的色彩，具有鎮靜神經、降低眼壓、解除眼疲勞、改善肌肉運動能力等的作用。自然的綠色對暈厥、疲勞、噁心與消極情緒有一定的緩解作用。人處在綠色的氛圍中，皮膚溫度可降低一至二度，脈搏平均每分鐘減少四到八次，血液流速減緩，心臟負擔減輕，呼吸平緩而均勻。但是，長時間在綠色的環境中易使人感到冷清，影響胃液的分泌，使食慾減退。

橙色

橙色能產生活力，誘發食慾，也是暖色系中的代表色彩，同樣也是代表健康的色彩，它有成熟與幸福之意，能減輕人的憂鬱感。

白色

白色能反射全部的光線，具有潔淨和膨脹感。空間較小時，白色對易動怒的人可起調節作用，有助於保持血壓正常，促使高血壓患者血壓下降，具有清熱、

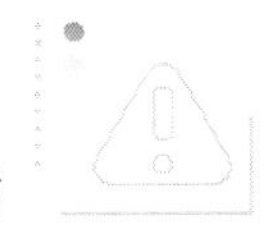

鎮靜、安定的作用，還能對激動、煩躁、失眠、驚恐的患者造成恢復安定的作用。但是，孤獨症、精神憂鬱症患者則不宜在白色環境中久住。

灰色

灰色是一種極為隨和的色彩，具有與任何顏色搭配的多樣性，所以在色彩搭配不合適時，可以用灰色來調和，而且灰色對健康沒有影響。

紅色

紅色是一種較具刺激性的顏色，給人以燃燒和熱情感，但不宜接觸過多。過多凝視大紅色，不僅會影響視力，而且易產生頭暈目眩之感，並且還會使心情煩躁，易發脾氣。心腦病患者一般禁忌紅色。

色彩的意義

從色彩的客觀性來說，它只是一些不同波長的光而已。但是，從文化的角度來說，色彩就具有複雜的象徵意義了。文化不同，色彩的含義也不同。正是有了這些文化意義的存在，才使得我們在使用色彩的時候，考慮的就不單單是顏色本身了，還有它背後所代表的含義。這些重要的作用激發了繪畫等各種設計創作，也滲透到了我們生活的各個方面。

紅色

紅色是十分耀眼的顏色，代表熱情、活力、熱烈、積極、危險等。在生活中，比起其他顏色，駕駛紅色的轎車更容易收到超速罰單，就是因為紅色代表熱情，它給人以力量。亞洲人最熟悉的就是紅色了，因為它代表好運。有過年的紅包、婚禮上的大紅喜字等，而在印度，紅色象徵著純潔。

橙色

橙色代表野心、娛樂、快樂、熱情、豪爽等。關於橙色的記憶應該是荷蘭的橙色球隊了。一九七〇年代，「全能足球之父」米高斯帶領的荷蘭隊在國際足壇上颳起了第一次橙色風暴，從此橙色永遠留在了人們心中，其全攻全守的戰術贏得

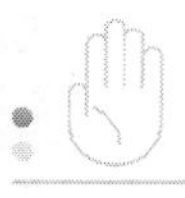

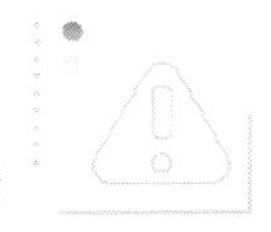

了全體球迷的心，從此也成了荷蘭足球的代名詞。在愛爾蘭，橙色代表虔誠。

黃色

黃色的亮度最高，尤其燦爛、輝煌，象徵著智慧之光、權力、驕傲等。在亞洲，黃色象徵著莊嚴和皇權，皇帝的龍袍就是這個顏色。

綠色

綠色具有中性特點，是和平色，偏向自然美，代表寧靜、生機勃勃、健康等。同時，綠色也是一種寬容色彩，具有調和的作用，可襯托多種顏色並達到和諧。

藍色

藍色象徵著真實、康復、信任、保護、安全、忠誠等。因為它和大海、天空的顏色一致，因此有博大之意。在東方文化中，藍色象徵不朽，在印度象徵豐收和幸福。在一幅畫作中，藍色相對於其他顏色而言具有後退感，就像山水向遠方淡去時，會呈現天空的顏色一樣。

紫色

紫色是由溫暖的紅色和冷靜的藍色混合而成的，是極佳的刺激色。在中國傳統裡，紫色是尊貴的顏色，如北京故宮又稱為「紫禁城」，亦有所謂「紫氣東來」之說。受此影響，如今日本王室仍尊崇紫色。因此，它象徵著王權、神祕、智慧、財富等。

地域對色彩心理的影響

色彩在不同的地域、不同的民族文化裡有著很大的差異，對不同顏色的愛好從整體上可以反映一個民族或者一個國家的審美觀與喜好。在世界文化相互交流的過程中，我們只有了解了這些差異，才能尊重彼此的文化。

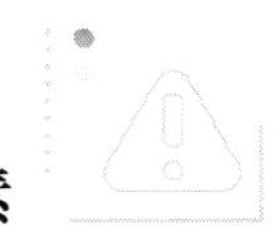

紅色的地域差異

在中國的文化裡，紅色是人們心儀的顏色，它表達了人們共同的美好心理願望，代表著幸運、財富和吉祥。因此，亞洲人在喜慶的節日裡喜歡穿紅色的衣服，尤其是在婚禮上，整個婚禮的主色調都是紅色的，而且到處都要貼著大紅喜字等，寓意著新婚夫婦婚後的日子會越過越美好。

在西方人的觀念中，紅色是血的顏色，代表衝動、挑釁和動亂，常常是與危險連繫在一起的。西班牙鬥牛士會拿著紅布對牛挑戰，以此來激怒鬥牛。

紅色在西方大多數國家還象徵著淫蕩和放蕩，如某些國家把以性產業為主的街區所稱為紅燈區。

黃色的地域差異

自古黃色就和中國人有著不解之緣，可以說是黃土地給了我們生存的食糧，是黃河餵養了華夏兒女，形成了黃皮膚的中國人，也形成了中國上下五千年的悠久歷史文化。

據說女媧時代，世界上還沒有人，女媧接到了天神的使命——到大地上造人。她獨自蹲在黃土地上，仿照自己的形象，用黃土摻和著水造出了一個個小人。後來，為了加快造人的速度，她又找來一根又粗又長的繩子放在黃泥中，並揮動繩子，使繩子上的泥漿灑在地上，很快變成一個個有生命的人，於是大地上便布滿了人的足跡。

黃，地之色也。土地是萬物生長的必需條件。五行觀念產生後，土居中央，黃色成為中央之色，其神為黃帝，而黃帝又是傳說中的華夏祖先。這種文化觀念非常適合封建統治者的需要，黃色因而被歷代帝王所推崇和壟斷，並被稱為帝王顏色。所以，在中國，黃色代表著王權。

在西方，黃色就沒有這麼好的「待遇」了。在美國，黃色總是和性直接掛鉤，被認為是低俗和卑劣事物的象徵。據說，美國的《紐約世界報》用黃色油墨印刷低級趣味的漫畫以吸引眼球，後來人們便稱這一類不健康的刊物為「黃色刊物」；《紐約新聞》以誇大、渲染的手法報導色情、仇殺、犯罪等新聞，人們也稱這一類新聞為「黃色新聞」。

藍色的地域差異

在西方文化中，藍色是高貴的象徵。例如，英語中有blue blood（貴族血統）、blue book（藍皮書），blue ribbon（藍綬帶）等。在藝術中，天使的藍衣服表示忠誠與信任；聖母的藍衣服表示端莊。在葬禮中，藍色對神來說象徵著永恆，對死者來說則象徵著不朽。

在英國，藍色還被認為是當選者或領導者的標誌，象徵著對美好事業或前景的追求，被很多人喜愛。西方人在節日裡喜歡穿藍色的衣服，在他們的觀念裡，藍色代表冷靜和沉著。

在亞洲文化中，藍色並沒有十分重要的地位，一般在服裝方面出現得比較多。在古代，藍色被認為是俗色因為皇帝著明黃色，而布衣百姓、低級官員（唐代八品、明代五至七品）只著藍色或灰色的服裝。

不同場合的色彩心理

色彩出現在不同的場合也會帶來不同的效果，下面我們逐一進行講解。

黑色

在色彩的意義中，黑色象徵權威、高雅、低調，也意味著冷漠、防禦，這主要和服裝的款式與風格有關。例如，黑色的西裝代表著正式、權威，而黑色的蕾絲裙則代表著神祕、性感。黑色通常適合高級主管的日常穿著、主持會議、在公開場合演講、寫企劃案等場合。黑色為大多數主管或專業人士所喜愛。當你需要極度權威、表現專業、展現品味、不想引人注目或想專心處理事情時可以穿黑色。此外，黑色不是很挑剔的顏色，如果款式掌握得當，甚至在任何場合下都可以穿黑色。有人說：「當你不知道穿什麼衣服時，一身黑總是沒有錯的。」

灰色

比起黑色，灰色在權威中帶著精確，特別受金融業人士的喜愛，象徵誠懇、沉穩、考究。但是，它不像黑色那樣不挑質地，當布質不好時，選擇黑色往往有避短的效果，而當灰色服飾質感不佳時，整個人看起來會黯淡無光、沒精神，甚至造成邋遢、不乾淨的錯覺。因此，當你需要表現智慧、成功、權威、誠懇、認

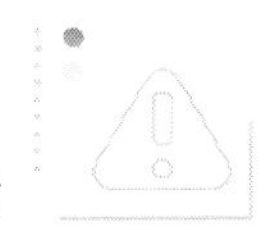

真、沉穩等效果時，可穿著灰色衣服現身，但一定要注意衣服的質地。

白色

白色象徵純潔、神聖、善良、信任與開放，當你需要贏得做事乾淨俐落的信任感時可穿白色上衣。從普通的員工到主管高層，幾乎每個人都有一件白色的襯衫。白色的T恤則給人純潔、善良的感覺。但是，如果身上白色面積太大，則會給人疏離、夢幻的感覺，所以除非是特別的場合，否則一般不要選擇一身白。

紅色

紅色是充滿能量的色彩，象徵熱情、活力、鮮明、自信等，當你想要在大型場合中展現自信時，可以讓紅色助你一臂之力。但是，紅色同樣給人血腥、暴力、忌妒、控制的印象，容易造成心理壓力，因此與人談判或協商時不宜穿紅色。此外，紅色還代表喜慶，因此，在別人的婚禮、開業典禮等場合，可適當選擇紅色衣服或物品。

海軍藍

藍色是大海的顏色，再加上海軍服有藍色的成分，因此給人一種權威、保守、中規中矩和務實的感覺。但是，穿著海軍藍時，配色的技巧如果沒有拿捏好，會給人呆板、沒創意、缺乏趣味的印象。海軍藍適合強調一板一眼，具有執行力的專業人士。當希望別人認真聽你說話、表現專業權威時，不妨也穿著深藍色單品，例如，參加商務會議、記者會、到企業文化較保守的公司面試、講演嚴肅或傳統主題時。

粉紅色

粉紅是女性的顏色，它象徵溫柔、沒有壓力、甜美、浪漫，可以軟化攻擊、安撫浮躁。正像本書中講到的一樣，發怒的人多注視粉色怒氣便可以減弱甚至消除。因此，在需要權威的場合，不宜穿大面積的粉紅色，並且需要與其他較具權威感的色彩做搭配。當你需要源源不絕的創意、安慰別人、從事諮詢工作時，尤其是面對那些性格固執、叛逆的人時，粉紅色都是很好的選擇。

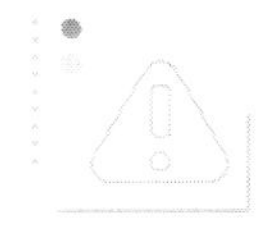

橙色

橙色給人親切、坦率、開朗、健康的感覺。喜歡橙色的人通常都很熱心，因此有時給人一種熱心阿姨的感覺。橙色還是浪漫中帶著成熟的色彩，讓人感到安適、放心，是從事社會服務工作時，特別是需要陽光般的溫情時最適合的色彩之一。

綠色

綠色象徵自由和平、新鮮舒適，較深的綠色，如墨綠、橄欖綠給人沉穩、知性的印象。因為綠色能給人無限的安全感，所以在人際關係的協調上可以扮演重要的角色。但是，綠色也有沉靜、被動的意思，在團體中容易失去參與感，因此出席好友聚會等集體娛樂活動時，並不適合穿綠色的衣服。

綠色是參加任何環保、動物保護活動、休閒活動時很適合的顏色，也很適合做心靈沉靜時的穿著，如瑜伽服等。

紫色

紫色是優雅、浪漫、高貴，並且具有哲學家氣質的顏色。淡紫色的浪漫，像是隔著一層薄紗，帶有高貴、神祕、高不可攀的感覺；深紫色、豔紫色則魅力十足、有點狂野又難以探測的華麗浪漫。當你想要與眾不同或想要表現浪漫中帶著神祕感時，可以穿紫色的服飾。

第八章　色彩心理學與生活

在生活中，處處都會用到色彩，小到一個玩具的設計，大到一座建築的規劃。從我們每天工作的環境，到我們看的書籍的裝幀，色彩幾乎影響著我們生活的各方面。因此，了解色彩心理學對我們的生活會非常有幫助。

工作環境與色彩心理學

前面我們談到過，色彩總能透過一種微妙的過程影響人們的心理狀況，因此人們開始把這些原理應用到生活的各個方面，而最常見的就是在工作環境中的應用。

曾經有人做過這樣的實驗，讓其中一個人進入粉紅色壁紙、深紅色地毯的紅色系房間，而讓另外一人進入藍色壁紙、藍色地毯的藍色系房間，在不給他們任何計時器的情況下讓他們憑感覺在一小時後從房間中走出來。結果，紅色系房間中的人在四十至五十分鐘後便出來了，而藍色系房間中的人則在七十至八十分鐘後還沒有出來。

紅色會讓人覺得時間特別漫長，因此公司的會客大廳，即用來等人的場所應該使用那些偏冷的色調，而不能設計成橘黃色或紅色。相反，速食店的裝潢則應以橘黃色或紅色為主，這兩種顏色雖然有使人心情愉悅、興奮以及增進食慾的作用，但也會使人感覺時間漫長。如果在這樣的環境中等人，會越來越煩躁，因此速食店不適合等人。

辦公室設計與色彩

色彩具有不可思議的神奇魔力，會給人的感覺帶來巨大的影響。現代社會中，所有公司職員都有一個揮之不去的煩惱，那就是長時間的會議。通常超過兩個小時的會議，任何人都會覺得煩。然而，開會又是很多公司必不可少的程序。

建議公司的會議室最好以藍色為基調進行室內裝潢，如使用藍色系的窗簾、藍色的椅子、藍色的會議記錄本……看到藍色的東西，會讓人覺得時間過得很快，從而產生趕快將會議進行完的強迫觀念，而且藍色還有使人放鬆的作用。

在放鬆的環境中開會，人也更容易產生有創意的點子或提出建設性的意見。因此，使用藍色裝潢的會議室不僅會使漫長的會議變得緊湊，而且會議內容也會變得更加充實，討論也會更有效率。

所有明度高的顏色都可以使房間顯得寬敞。如果房子的現實條件是天花板較低，會給人壓抑的感覺，這時可以將天花板塗成淡藍色等明度高的冷色，以給人天花板向上拉高了的感覺。如果屋內空間狹窄，也可以塗上明度高的藍色，以致使牆壁看起來比實際位置遠了，室內空間也顯得寬闊了。若洗手間統一使用白色或者米色，可以給人清潔、明快、寬敞的感覺。

辦公室的燈光照明設計也需要考慮色彩。在青白色的螢光燈下，人會感覺時間過得很快，而在溫暖的白熾燈下則會感覺時間過得很慢。因此，如果單純出於工作的需要，最好在日光燈下進行。

白熾燈會使人感覺溫暖，而臥室中就比較適合使用白熾燈，這樣能營造出一個屬於自己的悠閒空間。

辦公室的空調或者風扇的設計更需要考慮色彩。在酷熱難耐的夏天，這些都是降暑的設備。不知你是否留心觀察過，它們多是白色或灰色等冷色，而不是紅色等暖色。這是因為紅色等暖色會讓人從心理上感覺溫暖，估計看到紅色的風扇，人就會懷疑吹出的是溫熱的風，使人更覺得煩悶。

透過改變顏色來調節人的心理溫度可以實現減少空調的使用、節省能源等。因此，建議公司的辦公室內，夏天使用白色或淺藍色的窗簾，讓人感覺室內比較涼爽。如果再配上冷色的室內裝潢，就可以造成更好的效果。到了冬天，再換成暖色的窗簾，並且用暖色的布做桌布、沙發套等，則可以使屋內感覺很溫暖。

暖色製造暖意比冷色製造涼意的效果更顯著。如果是餐廳和工廠更是這樣，

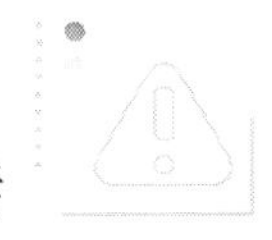

冬天使用暖色調的窗簾、桌布、椅子套，會讓工人或者顧客感覺心理溫暖；而夏天相應的改用冷色調，會使顧客和工人覺得清爽許多。

工作服裝與色彩

說到工作環境和色彩心理學，必須提及的是工作人員的衣服、帽子等工作服裝的設計。黃色的安全帽，街道上環衛工人的背心之所以選擇黃色，是因為黃色的可視性高，在很遠的距離也很醒目，能夠最大限度喚起人們的危險意識，特別適合建築工地和工廠工廠、馬路等危險性高的工作場所。

另外，黃色可以很好的反射光線，使得衣服和帽子的表面溫度不會太高，在建築工地和街道上，可以保護作業人員頭部、身體免受陽光曝晒，降低了中暑和其他疾病發生的機率。

書籍與色彩心理學

現在一進入書店，人們便會被各種顏色的圖書包圍，用「琳瑯滿目」這個詞來形容如今的書籍包裝一點也不過分。據國際流行色協會調查數據表明：在不增加成本的基礎上，透過改變顏色的設計可以給產品帶來百分之十至百分之二十五的附加值。色彩的恰當運用，無疑能幫助書籍區別於同類商品，展現自身優勢，這就促成了現在流行的書籍裝幀。

書籍裝幀各種不同樣式的設計賦予了書籍美的形態，同時也給讀者以美的享受。可以說，書籍與色彩心理學從某種意義上來說就是關於色彩與書籍裝幀的研究。

從一見鍾情到念念不忘

曾提出「記憶顏色」之觀點的赫爾林就認為，人們經常看到某一事物所表現出的顏色會給記憶強烈印象……對於書店的商品來說，消費者選購它首先是憑視覺對書的色彩訊息做出正負情緒的判斷，然後才對自己喜愛的色彩的書產生購買欲望，最終形成實際消費行為。

成功的封面設計必然同時具備好的構圖創意和好的色彩表現力。之所以強調色彩在封面設計中的重要性，是因為封面色彩給讀者視覺上帶來的衝擊力是來自

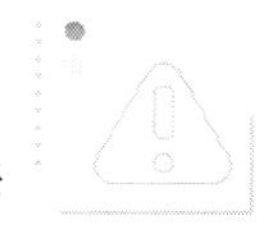

第一時間的震撼，讀者的眼球先是被色彩抓住，然後才關注版式和圖形等因素。

對於在書架前選擇商品的讀者來說，首先是色彩所帶來的強烈視覺衝擊力吸引了他們；然後才是合理的色彩運用獲得了他們的好感，逐漸讓其產生興趣並有意識的記憶這些色彩；最後從色彩到圖書本身，隨著感情消費的深入讓讀者記住了該圖書並最終購買。

讀懂一本書，只需一種好色彩

對書籍色彩的恰當運用要建立在對其內容充分了解的基礎上。通常從裡到外都應盡量讓其保持統一，無論是圖形文字還是色彩，不僅要力求掌握整體還要注意細節，就是為了用視覺來述說書籍本身的內涵。

色彩通常能使人產生具象的聯想，如黃色可聯想到檸檬、向日葵、月亮等；紅色可聯想到草莓、玫瑰和血等；紫色可聯想到葡萄、丁香花、高貴的物品等，這些令人聯想的色彩運用到圖書中，除了可以滿足基本裝飾需求外，還可以傳達圖書的大致內容、反映圖書的類別、展現圖書的風格。

例如，一本關於心理健康的書，在色彩的設計方面綠色就比黑色好得多，因為綠色可以給人和平、安全、生命和希望等正面的聯想。此外，封面的圖形色彩、書籍內頁的圖片和文字色彩都運用綠色來調和，可以體現較為柔和平靜而又清爽的視覺感，讓讀者一拿起這本書便感到一種安寧。

敢於標新立異

色彩是一種富於象徵性的元素符號，它在人類社會活動中扮演著重要的角色，與人們的生活緊密連繫，幾乎無處不在，甚至成為人們表達情感的工具。隨著社會的發展，人們消費需求日益多樣化，事物的更新速度也變得越來越快，而其中圖書也得緊跟時代的需求不斷變化更新。

色彩只有以「新」、「奇」為前提，緊跟時代趨勢，立足於市場，才能讓圖書的色彩效果得到讀者的認可。但是，書籍中色彩的創新是要在理性的基礎上發掘書籍本身的特點的，要勇於創新、打破常規，不能只求創新而忽略了書籍本身的內涵。

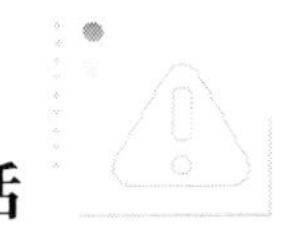

體育與色彩心理學

心理學研究認為：顏色對人的大腦中樞神經有刺激，會引起大腦對顏色的不同反應，從而影響人們的行為。在這個基礎上，我們可以把顏色劃分為兩類：一類是積極的（或主動的）顏色，如黃、橙、紅色等，又稱為暖色系；另一類是消極的（或被動的）顏色，如藍、綠等，被稱為冷色系。前者能夠產生積極的、有生命力的和努力進取的態度；而後者則適合表現不安的、溫柔的和嚮往的情緒。

有位德國足球教練就曾運用體育與色彩心理學的原理來訓練他的隊員。這個教練讓人把足球隊員中場休息時去的更衣室塗成藍色，以便創造出一種放鬆的氣氛；而當他對隊員們做最後的精神喊話時，則讓隊員們走進塗著紅色的接待室，以便創造出一種振奮人心的氛圍。

顏色心理學家認為：在暖色房間裡，人更易興奮，也更加生氣勃勃；而在冷色房間裡，人則平靜舒服。顯然，那位足球教練讓隊員上場前到紅房間做精神喊話是非常合適的，因為紅色能引起人們興奮、熱情、活潑、勇敢等聯想。

紅色對人體有刺激作用，如用多飽和度的紅色刺激作用和周圍環境，會使人血壓增高，心跳加速，甚至感到不舒適。在中場休息時，隊員在藍色的休息室裡易產生沉靜、冷淡、沉著與聯想，有利於放鬆和休息。藍色在生理上有降低血壓，減少脈搏跳動次數的作用。

綠色對生理的影響為中性，能使人產生安穩、平靜、隨和、欣慰、純真的聯想。在綠色的環境中進行訓練，運動員的精神容易集中，有助於提高訓練效果。但應該注意的是，在大面積使用高飽和度的綠色環境中訓練運動員反而易於疲勞。

顏色不僅對運動員的訓練、比賽有影響，而且還對運動效果有重要作用，尤其對具有藝術表現力的運動項目更是如此。如果我們稍加觀察就會發現，在花式滑冰比賽中，配以迪斯可音樂節奏時，場上運動員往往身穿紅色或紅黃相間等服裝，給人一種節慶的動感，這樣的色彩、音樂、動作相得益彰，能夠把那種熱烈奔放的情緒表現得淋漓盡致。

在悠揚、明朗的樂曲中，運動員則常身著淺藍色、乳白色、綠色或粉色衣服，這樣就會產生充滿詩情畫意、具有田園風格的藝術感染力，給人以美的享受。

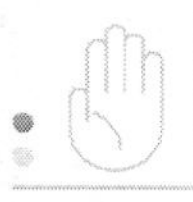

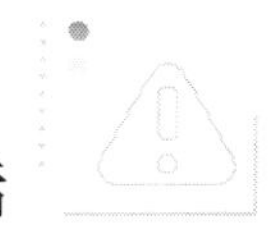

某些試驗曾經證實了人體肌肉對顏色的反應。如弗艾雷在其《論動覺》一書中說，「在彩色燈光的照射下，肌肉的彈力能夠加大，血液循環能夠加快，其增加的程度以藍色為最小，並依次按照綠色、黃色、橘黃色、紅色的排列逐漸增大。」

也有研究者指出：「凡是波長較長的顏色都能引起擴張性的反應，而波長較短的顏色則會引起收縮性的反應。在不同顏色的刺激下，整個機體或是向外界擴張或是向有機體的中心部位收縮。」

顏色與體育運動之間的關係，需要我們從體育學、心理學、生理學等多學科的角度進行深入的研究和合理的運用。在科學研究的基礎上，有目的並恰當的使用顏色，對體育運動的訓練、競賽都有很大的幫助。

醫院與色彩心理學

色彩可以透過人們的視覺系統影響人的心理。研究表明，人類對事物的辨認首先是對色彩的感覺，其後才是對形的辨認。色彩包括色相、明度、純度三個要素，以上三個要素中的任何一個發生改變，該色彩的心理效應就會發生改變。現

醫院與色彩心理學

代實驗證明：當人們受到光色刺激後，必然會產生生理作用和心理反應，同時還會影響人們的思想情緒，左右人們的行為。

不同色彩透過人的視覺反映到大腦中，除了能引起人們產生陰暗、冷暖、輕重、遠近等的感覺外，還能產生興奮、憂鬱、煩躁、安定等心理作用，可見顏色在人們日常生活中的作用是神奇而巨大的。

隨著色彩心理效應被應用於室內設計的發展，近些年來，醫院也開始重視色彩的作用。「色彩管理」用於醫院，在國際上始於一九八〇年代，目前一些歐美國家許多醫院已經見不到白色了。美國的色彩工效學家雷斯．邱斯金在室內空間實驗中證明，把一個人帶到紅色房間裡，他的心跳會加速，血壓會升高，皮膚會出汗，而且還會感到室溫升高了。如果把這個人帶到藍色房間裡，他會立刻平靜下來，同時還會有冷的感覺。

在德國，就有一家這樣的色彩醫院，叫夏里森醫院。一進門，你就會被迎面而來的「藝術氣息」吸引，只見門診大樓內，藍、綠、黃等色彩和諧搭配，其間還有小型盆景、藝術壁畫等烘托。

住院部更是根據科室而採用了不同的色彩：消化科和心理科病房以黃色為

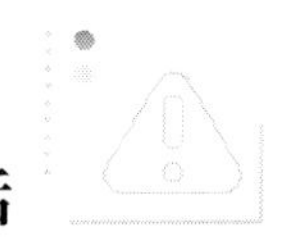

主；外科多是藍色和綠色的背景；手術康復科以棕色為主；孕婦房內的座椅、窗簾等則以紫色調為主，就連病房裡用於供氧的管道也全部貼上了淡紫色的裝飾紙；兒童病區的布置則大量採用了大地、海洋、森林等自然色彩，並以卡通人物和各種動物為背景。

無論從哪個病房往外看，都能看到綠色的草地和樹林。此外，醫院的急診室使用淺藍的冷色調，而手術室牆壁使用綠色。值得一提的是，醫院還有一條美麗的主走廊，上面是天窗，走廊的一頭有落地玻璃窗，當太陽透過彩色的玻璃窗照射下來時，人們會覺得「身上暖暖的，眼前亮亮的」。夏里森醫院行政主任伯力格爾說：「自從醫院對色彩進行了重新設計後，五年來，醫院就診和治療的病人數成長了一倍，而且病人給醫院的服務評分也在逐年提高。」

我們可以用春天的色彩，讓兒童的病房充滿溫馨，帶給孩子們快樂，減少兒童對打針、吃藥的恐懼；我們也可以用夏天的色彩，讓一抹淡藍充溢於精神病房，讓精神高度緊張的患者，被寧靜、舒適、恬淡所包圍，使躁動不安的心得以平息；我們還可以用秋天的色彩，把淺淺的駝色贈給老年病房，營造出一個充滿金秋華麗燦爛與知性詩意的環境；我們更可以用冬天的色彩，強烈飽和的顏色對比，凸顯現代理念，讓醫生專業科室具備不同的品味。色彩可以讓醫技檢查科室與設備可親可近，散發體貼與暖意，從而杜絕那份冰冷感，讓患者感受到科技所帶來的人性關懷與溫暖。

目前的科學已經證實，不同的顏色具有以下不同的作用。

藍色：能給人以寧靜、深邃之感，具有明顯的鎮定作用。

橙色：是一種暖色調，給人一種厚實、溫暖的感覺，能消除人的憂鬱沉悶。

黃色：能促進血液循環，增加唾液腺的分泌，刺激食慾，並能激發憂鬱病患者的欲望和意志活動。

粉紅色：會影響大腦，減少腎上腺素的分泌，使肌肉放鬆，有平息情緒的奇妙功效。

棕色：能促進細胞的增長，使手術後的病人更快地得到康復。

紫色：可使孕婦的情緒得到安慰。

紅褐色：有助於低血壓病人血壓升高。

白色：是純潔無瑕的象徵，能促使高血壓患者的血壓下降。

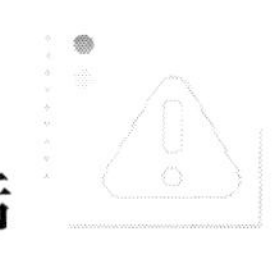

琥珀色：是精神病患者理想的醫療環境，具有安適寧靜的力量。

綠色：對人的視覺神經最為適宜，能使人產生涼爽、清新之意，給人以生命的活力，有振奮人心的作用。

電影與色彩心理學

很多電影都巧妙的運用色彩來製造各種心理效果。有些電影以一種色調貫穿始終，有些電影則在特定的場面使用特定的顏色。總之，電影中色彩的使用方法多種多樣。在電影藝術創作過程中，藝術家們把色彩作為電影語言的重要元素之一，或者渲染氣氛、增加畫面的美感、表達象徵性含義，最終使電影更加賞心悅目、回味無窮。尤其是隨著近幾年科技的進步，使我們看到很多更加唯美的電影，甚至美到可以使你忘記它的內容、它的名字，但卻忘不了它的畫面。

電影色彩要求符合劇本的主題、人物情感、影片的風格樣式，首先要決定全片整體的色彩基調和亮暗的影調傾向；人物形象的代表色彩；對比明確的場景空間色調；然後再確定全片色彩的寫實或象徵的色度及內容。

在色彩關係的反覆變化中，色彩的冷暖給觀影者的印象最深刻、主觀感知力量最強烈。這是因為色彩冷暖對人的影響力最強，也因為「主觀色調」如同人的服裝色調、個人居室環境裝飾色調，往往象徵一個人的內在氣質，那麼，他的思想、感情和行為方式也多半能從他的色彩結合推想得出，內在本質的構造和結構也反映在色彩中。

電影的主角是人，人的主觀色調千變萬化，經藝術家的主觀創造，為使觀影者得到啟迪和愉悅，冷暖對比關係居多，如此才能使觀影者主觀感知的內容更為豐富。

因為每一種色彩都能引起人們相應的心理反應，所以電影中的色彩如何運用都是建立在使其主題更加鮮明，讓觀眾更能理解中心思想的基礎上的，而絕不僅僅是為了增加所謂的視覺美感，最重要的還是心理感覺。

第三篇　怪誕心理學

為什麼很多東西會免費呢？為什麼公司都需要員工忠誠呢？為什麼有人會心想事成呢？你了解笑的力量嗎？心理學的領域和影響遠遠超過我們的想像，很多時候你在不經意的情況下就走進了一個心理學的迷局。學會各種心理學賽局，並找到在這種賽局中制勝的訣竅，會讓我們在生活中如魚得水，這時你會豁然開朗，因為再也沒有什麼東西可以讓你感到迷惑了。

第九章　關於零成本與打折的心理學

在生活中，大家都有占便宜的心理，而很多商家正是利用了這種心理，才製造了各種各樣讓我們花錢的機會。但是，商家真的會給我們這麼多好處嗎？其中又藏著怎樣的心理玄機呢？本章就從免費促銷、盜版罰款等方面詳細講解其中蘊含的各種心理技巧和玄機。

不付出成本，就不會被重視

免費的東西對於每個人來說總是具有很大的吸引力，原因就在於它是免費的、無償的。那麼對於這些不需要我們付出成本的東西，我們會重視嗎？

家裡訂了一份報紙，每天都會有人送到家，訂報紙的錢也不是很貴。突然有一天，家門口出現了另一份報紙，拿起來一看，原來是一家新報社為了擴大知名度免費贈送的。這下好了，每天有兩份報紙可以看了。可事實是這樣的嗎？大多人還是會選擇自己花錢訂的報紙，另一份可能偶爾也看看，但大多數時候都是直接當廢紙墊東西了。

這是為什麼呢？除了習慣以外，一個重要的原因就是它是免費的，看不看無所謂，而自己花錢買的一定要看，花了錢的我們就會重視。

面對免費的東西，大家會重視嗎？當免費的東西開始收取費用時，我們會重視起來嗎？答案是肯定的，這樣看來，免費並不完全是好事，下面就為大家一一解開這些奇怪的現象。

免費帶來的不重視

某公司舉辦一場大型會議，邀請了眾多公司的代表參加，此公司向來以提供大量免費茶點、美食而著名，這次也不例外，同樣為大家準備了十分豐富的食品。參加會議的各界代表自然都會對各種免費美食流露出讚許的表情，並且會頻繁的取食品嚐。會議結束的時候，在會場到處都能看到吃剩下一半就丟棄的點心袋。

大家想一下，如果此公司對這麼多美食收費的話，哪怕只收一元，又將會產生怎樣的效果呢？我猜測大家會少取很多食物，更多人會把拿的食物吃完。可能在取食之前會多想一下到底需不需要吃東西，也許會等到肚子餓了才去拿東西吃，那麼食品沒吃完就扔了的情況也就會大大減少。

這說明了什麼？這說明對於不用自己付錢的東西，我們往往不會太在意，因此在消費時也不會太珍惜。這樣一來，免費會讓人不節制，變得浪費，甚至貪婪。

因為免費的存在，我們吃某樣東西時有可能並非真的需要它，而只是因為免費就可以拿到而已。如果我們給免費食物定一個價位，哪怕是很低的價格，也會讓大家的消費行為變得更負責任，也會多一份重視。

收費可以讓我們更重視

海外一家慈善機構為沒有經濟能力的人免費提供儲值卡。每張儲值卡需要耗費這家慈善機構三十美元，但是受助者卻經常把這些卡弄丟。後來，慈善機構就定下了一條新規矩，受助者要拿到這些儲值卡需要繳納一美元，用於以後補辦儲值卡。彷彿就在一夜之間，搞丟儲值卡的受助者就少了很多。

前後的變化就在這區區一美元上，一美元就能改變他們對儲值卡的態度，即比以前更重視了。只因為當我們有金錢投入時，就會更加留意不要弄丟了。當交了一美元之後，對於我們來說就不再是完全免費，而是付出了屬於我們的金錢，那麼我們就會讓自己的付出有所值，不能白花，自然也就會在意了，最終丟卡的人也變少了。

免費是把雙面刃

免費有時被商家認為是一種推銷的好手段，但是這個手段並不是百分之百的有利。有時候，免費的商品很能吸引人，就像在百貨商店裡放著的一整箱免費的巧克力，大家都可以免費領取一個，我想這箱巧克力肯定很快就空了。

為什麼呢？因為免費可以讓我們降低甚至消除購買的風險，不需要我們付出什麼。但是問題來了，由於顧客是免費拿走的，所以就沒有付費的重視，也許他們不會自己品嚐，也許還有人會想是不是過期了才免費，要不然哪有這種好事，心中難免會有顧慮。

因此，要想讓大家對某種東西重視，就絕對不能免費、無償提供。每個人都會將自己付出的價值與物品進行對等，當它是免費的時候，我們心裡就會認為它沒什麼價值，也就不可能重視。

當一件物品價格不菲時，那我們花在它身上的心思就可想而知了。當然，即使那些我們支付很少錢的物品，只要我們付出了，就會有重視度，與處理免費的東西完全不同，所以不付出成本，就不會被重視。

盜版的心理

生活在現代社會的我們，對盜版肯定不會陌生。可能每個人都會有一兩本盜版的書籍，盜版的音樂，或者我們正在使用盜版的電腦軟體系統。當我們享用著這些盜版的時候，心裡可能並不覺得有什麼，畢竟盜版的東西很便宜，也不影響使用，這也是我們選擇盜版的一項重要原因，或者說盜版也因此屢禁不絕，以至每次都能從新聞中看到銷毀盜版製品的畫面。

免費的吸引力

何謂盜版，其實就是在未經版權所有人同意或授權的情況下，對其擁有著作權的作品、出版物等進行複製、再分發的行為。

為什麼要盜版呢？不是已經有現成的商品出現直接去買就可以用了嗎？為什麼還會有人盜版？原因就在有人購買盜版，你做出來了就會有銷路，並且購買盜版的人數並不是小眾。往往原版的東西包含了從創作到最終成品的諸多成本，價格自然不會很低，或者這件東西是需要個人支付費用而不是免費。

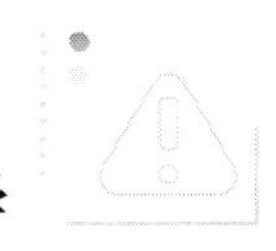

而盜版可以被看作是另一種形式的免費，我們不必為高額的成本買單，因為已經有人把正版的產品複製了下來，我們只需要付很少的錢就可以得到，相當於這件東西的內容是免費的，我們付的錢只是一點手工費。既然覺得免費了，那麼對消費者的吸引力就會非常巨大。

雖然有些消費者在選擇免費的盜版方面還存在顧慮。例如，害怕觸犯法律，覺得對版權所有者不公平，或許是一些消費者有付費的習慣，也有可能他們擔心用慣了盜版會對整個社會不利。但是，盜版的免費性對消費者的誘惑力還是不能小視的。在現代的多元化的市場上，免費總是消費者能得到的一種選擇。如果你不能爽快的給予消費者，那麼其他人會找到辦法免費給予消費者。

盜版不「盜」

對於那些製造盜版的人來說，他們可能並不覺得這是什麼偷盜行為。比如音樂的版權，他們認為盜版並沒有從原版那裡奪走什麼，而只是複製了你所擁有的音樂內容，所以盜版者認為他們並沒有讓你遭受損失，而只是讓你得到的利益少了一些而已，最多也就是銷售量下降，買的人沒以前多了。

這也就是說，在盜版者心中，他們並不認為自己的行為是和偷盜一樣的，我們只是在複製而已，所以對於盜版的杜絕就十分困難了。

真實的情況

為了能杜絕盜版，著名的電腦遊戲設計師克里夫．哈里斯把自己的遊戲軟體定在了自認為合理的價位（二十美元）。但是，他的遊戲軟體還是經常會有盜版出現。這又是為什麼呢？

他透過在網路上發文尋找答案，同時這些回覆也讓他感到十分驚訝。回覆者最明顯的一個共性就是，他們都認為他的遊戲對於遊戲玩家而言價格太高了，哪怕是二十美元的價格也太高了。其次，購買這款遊戲還要有很多附加的程式讓人覺得麻煩，比如版權保護、數位版權管理、複雜的在線購買手續等。

正是這些做法使得玩家想要玩遊戲的欲望變得沒那麼強烈了，或者覺得不舒服了，這時他們就會覺得用免費盜版是合理的。當然，還是有少數人是持有對資本主義、知識產權、版權擁有者抱有敵意，或是對身為違法者樂在其中而選擇盜版。

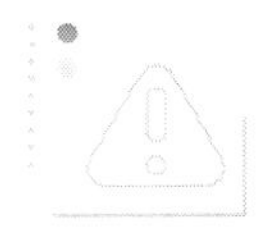

網友們真誠的回覆幫助克里夫．哈里斯改變了想法，他決心改變商業模式，把遊戲的價格降低到原先的一半，變成了只有十美元，也去除了原先使用的版權保護小插件。他承諾讓線上商店的使用更加便捷，盡量用一個鍵就可以解決很多問題。他還決定延長遊戲的免費試玩時間。更重要的是，他發現需要提高遊戲的品質。這些回覆讓克里夫．哈里斯心中產生一種感覺，玩家們對他的遊戲的評價沒有自己想像得那麼高，除非玩家們發自內心覺得他的遊戲更有價值。

因此，我們要清楚，要想減少盜版，就必須讓產品在某一點上足夠吸引人，這樣自然會有願意付費的顧客湧現出來。當然了，保護正版的手段也是必要的，我們每個人都要加強維護正版版權的意識。

為什麼免費做事高興，賺錢反而不高興

有時候有些事情會讓我們覺得很奇怪，讓我們覺得不符合常理，但是這樣的事情其實時有發生。

週末，你的朋友邀請你全家參加聚會，你們如約而至。好盛大的聚會，主人

為什麼免費做事高興，賺錢反而不高興

準備了豐盛的食物，邀請了很多朋友，家裡也布置得十分漂亮。孩子們吃得興高采烈，你妻子也非常開心。

聚會一直持續到深夜，大家陸陸續續離去，這時你鬆了鬆腰帶，啜了一小口葡萄酒，走到了主人一家的面前。十分感謝的說：「謝謝你們的邀請，對於你們在這一切中所傾注的愛，我應該付多少錢？」你誠心誠意的問，但屋子裡頓時卻鴉雀無聲，你晃了晃手中的一疊鈔票。「你們覺得三千元夠嗎？不對，等一等！我應該付四千元，這是多麼豐盛的晚餐啊。」

接下來會如何，主人會接受你的錢嗎？當然不會，他們還會感到十分生氣。

我想對於給錢這種做法是非常愚蠢的，還好這僅僅是一個例子，現實中我們受到朋友的邀請，肯定不會這樣的。但是，對於其中的道理大家又明白多少呢？為什麼主人一家人精心準備這麼多，不收錢也非常高興，而一提到錢反而不高興了呢？為什麼你提出直接付款時，會讓聚會的人們如此掃興呢？簡單地說，這不是錢的事！

用什麼來解釋這些現象呢？有位學者曾提出用規範制度來解釋，講得很有道理，大家看看就明白是怎麼回事了。

兩種規範

要想解釋這種現象，我們首先需要了解兩個概念：社會規範和市場規範。社會規範包括人們之間互相的友好請求。這裡面通常是友好的、界限不明的，不要求即時的報償。你可以幫鄰居搬沙發，但這並不是說他必須也馬上過來幫你搬，就好像幫人開一下門，這一舉動為你們雙方都帶來了愉悅，但並不要求立即的、對等的回報。

你的鄰居或者說陌生人讓你幫忙按一下電梯，你一定會很樂意的幫忙是不是？

可是，如果他說「你幫我按一下電梯，我付你五元。」這時你還會願意幫忙嗎？再假設，如果他說：「你幫我按一下電梯，我付你一百元。」這時你又會是什麼反應呢？我們肯定不會高興，反而覺得怎麼這麼怪，這就是社會規範下的行為方式。

在社會規範的世界裡，付出感情就好了。

什麼是受市場規範主導呢？這個規範裡不存在友情，而且界限十分清楚。這裡的交換是黑白分明的，薪資、價格、租金、利息，以及成本和營利，該是多少一點也不能差。或者說，這樣的關係是十分明確的，沒有模糊地帶。

這就像是僱傭關係，它們意味著利益比較和及時償付，你需要為我的勞動付出給予相應的報酬，沒有報酬我是不會白幹的。如果你處在由市場規範統治的世界裡，且按勞取酬，這就是市場規範。

所以說，在我們做什麼之前首先應分清楚是在什麼規範之下。

為你準備聚會的朋友是處在社會規範之下的行為，而你提出給予金錢，則是在市場規範之下的行為，兩者不在同一個範圍內必然會衝突，主人怎麼會高興呢？

自我價值

免費做事同時也暗含著一層意思：這是我樂意做的，不是為了賺錢才做的，我不需要你們為我的付出回報金錢。

有時候我們幫朋友忙了，我們自己會開心，因為我們可以感受到因自己的幫

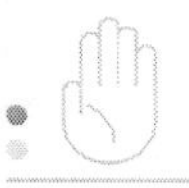

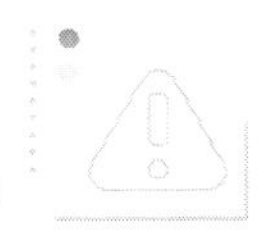

助而給他人帶來益處，同時還可以感受到自身的價值，也能證明自己的能力。難道真的會因為幫你做了點事就要錢嗎？這是絕對不會的，錢是一種報酬，而我們和朋友之間不是用金錢來交易的。有時提到錢了，反而覺得生疏了。

在這個世界裡，錢很重要，但它不是萬能的。在很多時候，很多地方與金錢無關，如我們的愛心。有時候我們會因為我們的愛而那麼做，而不是為了錢。你的妻子為你做了一頓豐盛的晚餐，你十分高興也很感動，但你會拿出兩百元給你妻子作為報酬嗎？當然不會，因為這與錢無關，就像是一家人一樣，相互之間是愛與關心，而不是簡單的金錢與回報。

因此，當我們展現自我價值、因愛而付出時，這一切都與金錢無關！

罰款對杜絕遲到有效嗎

上學遲到、上班遲到、約會遲到……我們總會因為一些事情而遲到。對於老師而言，當然也不喜歡學生遲到；對於公司來說，當然不喜歡員工遲到。於是，就有了罰款這個辦法來杜絕遲到。可是，這個辦法有效嗎？真的能夠讓遲到的人不再遲到嗎?有些人可能會因為這個罰款的懲罰而老實許多,而有些人可能不會在意罰款。那麼這個罰款到底是否有效呢?下面我們來看一個在海外進行的實驗。

罰款實驗

曾經在以色列的一家托嬰中心進行過一個實驗,由於總是有一些家長接孩子遲到,於是就想看看運用罰款措施後是否能有效減少某些家長遲到的現象。但是,最終的實驗結果並不像大家想像的那樣——認為罰款是個有效的好辦法。事實上,罰款的效果並不好,而且罰款還會帶給家長長期的負面效應。這是為什麼呢?實驗者利用社會規範與市場規範來解釋了這種現象。

在實施罰款之前,老師和家長之間是社會關係,是用社會規範來約束遲到的,大家都知道遲到不是一件好事,是不應該的。因此,如果家長遲到了,會對此感到內疚,這種內疚迫使他們以後準時來接孩子。但是實施了罰款之後,這就成為了一項嚴格的措施,是一種市場規範的形式,當家長為他們的遲到付了錢,就會用市場規範來詮釋這件事了,也就沒內疚什麼事了。

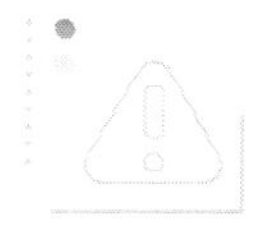

換句話來說，就是現在有了罰款制度，家長就可以自己決定早來還是晚來了，即使遲到了也只是罰款，不會再內疚了。

既然罰款沒有杜絕遲到，托嬰中心就取消了罰款制度，然而更有意思的是在取消了罰款制度之後的幾個星期裡。大家以為托嬰中心又重新回到了社會規範，而家長也就會回到社會規範，他們的內疚之心也會回來。但實際情況是什麼呢？根本沒有！

自從取消了罰款，家長們依然像之前一樣，他們繼續遲到。實際上，取消了罰款後，遲到家長的數量反而有所增加。最終，社會規範和市場規範都被取消掉了。

這個實驗的結果是不是與我們最初期望的不一樣，這又說明了什麼呢？其實，一旦社會規範與市場規範相互衝突，社會規範就會退出。即使後來再讓市場規範推出，社會規範也很難再次重建，這時可能兩者都沒有了。

罰款後的你我他

我們總想杜絕遲到，於是想到了罰款，而罰款終究是一種手段，一種措施，並不是為了罰款而罰款。

當還沒有罰款的時候，我們希望人人能夠自覺，人人能夠做到自我約束。可是這樣行不通，那麼就罰款吧。你總會珍惜你的錢財吧，為了避免罰款也應該遵守時間了吧?表面上聽起來是應該這樣，但是這個時候我們的心理變化是微妙的，伴隨著罰款產生。

有這樣一些人，以前沒罰款的時候還會內疚，會督促自己下次注意，而有了罰款之後可能會想：沒事，反正交罰款就行了，心裡的那份內疚感逐漸消失了。金錢對於現在人來說，可大可小，有些人認為罰款那點錢不算什麼，就當給自己買個輕鬆自在，也值了!

當然，還有一部分人比較在意外界手段、措施對自己的評判，可能就會把這種罰款看作是對自己的另一種否定，在他們看來任何不好的事情都不應該做，所以也會盡量避免罰款。那麼，罰款這個辦法對這些人還是有效果的。

罰款與否，對於有些人來說就是有沒有都一樣。這些人不覺得被罰款了會怎麼樣，即使你罰款了，我還是我這樣，罰了也無所謂，所以對這些人來說，也是杜絕不了的。

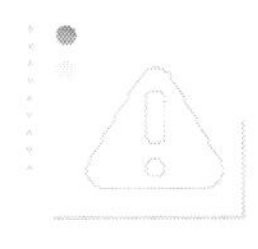

因此，罰款只是一項措施、一種手段，我們不能希望只憑藉它就能杜絕遲到現象，有時道德約束也會起作用。真的想讓遲到的人減少，甚至杜絕，需要考慮更多的因素，而不是罰款就能解決的。

為何總是「事不過三」

很多時候人們做事都會留有餘地，就像佛祖說的一樣，給每個人機會，而不是一棒子打死。但是，如果一味地給予機會就會適得其反，所以最好的選擇就是將機會的數量控制在適當的範圍。

有一位老師，自己總結出了一套管理班級的辦法，那就是「事不過三」原則。所謂「事不過三」是指當學生犯錯時正確的引導和寬容他們，第一次犯錯我原諒你，第二次犯錯我還是原諒你，第三次如果你還犯錯，我一定會教訓你。所謂教訓，是指嚴厲指責或請家長。最終的目的是為了使學生不犯錯或少犯錯。結果，就是這樣的方法使班裡的情況越來越好。

簡單來說，就是前兩次犯錯時老師很有人情味，而最後一次是沒有人情味的利用規則辦事，所以學生即使最終受到了懲罰，也能體會到老師前幾次給自己的機會，最後只能心甘情願的接受教訓。

求助他人事不過三

事不過三這個原則在很多時候都有著微妙的作用，也許我們都沒有在意，就像我們在請求他人幫助時，也常常是事不過三。

工作中，有點小事需要同事幫忙，如幫忙拿個東西、找個資料等。當你去求助於別人時，肯定是建立在你和他之間的關係較融洽的基礎上。但是，當你第一次求助時，正好同事在忙，所以幫不了你，那麼，接下來你會怎樣呢？

可能過一陣子你還會去找他，但如果這次他還是拒絕了你，我想絕大多數人都不會再去找他幫忙了。其實，這和老師教育學生的「事不過三」有相似之處。找同事幫忙，一開始是帶有一種朋友、熟人的感情在裡面去求助，被拒絕一次後，這種關係就淡一些，被拒絕兩次後，你就不會再覺得你們很親近了，於是馬上拉開了距離。最後只剩下工作的同事關係，怎麼還會再去求他呢？

生活中也是，我們總有需要鄰居幫忙搬家具或者幫忙照看一下小孩子的時

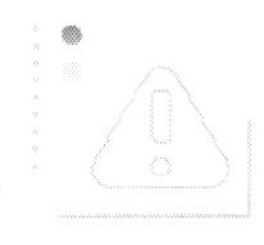

候。然而當被拒絕以後，我們的關係也會發生微妙的變化，尤其是被拒絕兩次後，你對你的這位鄰居已經沒有最初求助時的那份期待了，因為這時你們的關係已經產生了變化，不再有開始那麼親切的朋友之情了。

人情味是如何變淡的

剛才已經提到過，當我們被拒絕兩次的時候，我們與求助人之間的關係已經產生了微妙的變化，不再和對方那麼親近。其實，這也可以用社會規範與市場規範來解釋。

當我們開始請求別人幫助時，我們之間的關係是社會規範在起作用，我們是朋友，我們之間不是僱傭與被僱傭的關係。而當我們被拒絕之後，這種關係會逐漸向市場規範轉化。也就是說，其中的人情味會逐漸變淡，既然人情味都變淡了，和你也不感覺那麼親近了，自然就會以市場規範來做標準，那麼也就不會再求你了。

因為市場規範要求我們是對等的，他人為我們付出，我們也需要付出相應的報酬，所以我就不會再請求你了，我可以花錢去找別人來幫我做事了。

換句話說，這個拒絕幫助你的人其實是在破壞你們之間最初的社會規範關係，一旦這種關係被破壞了，就會回到市場規範的領域。

所謂「事不過三」，是說前兩次的否定與拒絕就是在破壞社會規範關係，如果說第二次請求的時候你還徘徊於兩種規範之間，那麼第三次你肯定不會了，你會堅定地站在市場規範這邊。

這樣的過程也就形成了「事不過三」原則，這個看似不起眼的原則總是在我們的一舉一動中發揮著巨大的作用。

貪小便宜的心理

免費對我們有巨大的誘惑力，它會讓我們覺得自己占到了便宜，什麼都不需要付出就能有所獲得，貪了便宜當然會高興了！

走進超市，如果有免費品嚐的美味食品，你會不會爭著伸手去拿？肯定會！看見買一瓶果汁會免費贈送一個杯子，你是不是會很想買？因為你覺得能得到一個免費的杯子。

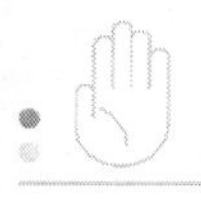

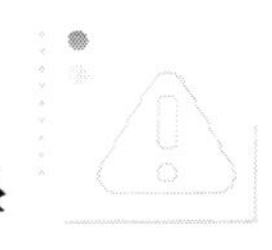

逛街的時候，你有沒有排在長長的隊裡等啊等啊，只是為了一份免費的蛋捲冰淇淋？你有沒有在開完會以後，把送的鉛筆、鑰匙圈、記事本等都收拾起來帶回家，儘管這些東西很可能你以後根本就用不到，多半要扔掉，但還是會帶回家。

遇到商店「買二送一」，你有沒有為了那個「送一」而買下那兩個你根本就不想買的東西？

這些是不是覺得都很熟悉呢？這些免費的東西就是擁有難以置信的吸引力。

免費讓我們感受占了便宜

為什麼說免費讓人有得到的欲望呢？這是因為我們可以不費力就能得到一樣東西，如果按照它本身的價值購買的話，可能並不屬於我們，而現在免費就可以得到了，讓我們覺得自己占到了便宜。所謂的便宜，也就是輕易得到了對我們有利的事情。

任何購買或者說交易，都有有利的一面和不利的一面，但免費會讓我們忘記不利的一面。免費會給我們造成一種情緒衝動，讓我們有一種白白就得到那件東西的價值的感覺。為什麼說能得到一樣東西會讓我們感到快樂呢?這或許是由於人類本能的懼怕損失吧，更何況是白白就能得到，擁有總比沒有好。假如我們選擇的物品不是免費的，那就會有風險，我們就會花心思去考慮、去衡量，而不會有得到便宜的感覺。因此，我們不會放棄能讓我們得到便宜的機會。

貪便宜給我們更多機會

貪便宜就是想得到許多可能並不屬於自己的東西，有時會被看作是一種不好的習慣，而有時這種心理並不一定是件壞事。

去博物館參觀需要花時間、花錢，事實上，儘管多數博物館的門票都不算貴，但參觀的人卻不夠多。但是，當博物館每月有免費開放日時，參觀的人就會多很多，似乎門票免費的時候更能喚起大家強烈的藝術欲望。

因此，每逢這種日子博物館裡總是人滿為患，隊排得很長，展廳裡更是萬頭攢動，幾乎什麼也看不見。不得不說，博物館免費日讓更多的人有機會去參觀、學習。

這就是免費和收費的區別，當參觀免費時，我們就會覺得占到了便宜，不用

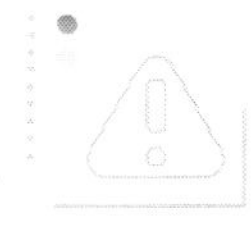

花錢就能參觀，所以一定要抽空去一次。從另一個角度來說，不正是這樣的想法讓我們多了一個機會去學習、參觀嗎？如果不想得到這個免費的便宜，你也就不會去參觀了。

處處貪便宜可不是好事

如果說怕吃虧是被動的行為，那麼喜歡占小便宜就是主動的行為，但不是什麼便宜都要占。

比如說，一輛滿載新鮮梨子的大貨車翻倒了，梨子散了一地，一群附近村裡的居民或者路過的人蜂擁而至搶梨子。這時如果是你會怎麼辦？這是貪便宜的事，也是免費的，應該去占嗎？當然不應該，占便宜的心理也應該分清楚是什麼事情。

貪便宜是一種比較普遍的現象，但是也有程度之分，也要分是什麼事再去做。比如，商家經常用免費或者買一送一的方式來吸引顧客消費，如果這時你正好需要的話，這個便宜還是可以擁有的。

第十章　關於誠實的心理學

其實每個人都有說謊的傾向，而誠實只是一個相對的概念，因為完全誠實在很多時候也是不合適的。在現實生活中，學會適度誠實是非常重要的。然而，很多人對誠實的理解都還在聖人和傻子之間徘徊。那麼，我們到底應該怎麼看待誠實這個問題呢？本章將為你揭曉答案。

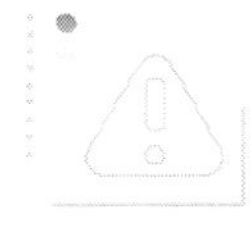

人人都有撒謊的需要

在我們的日常生活中，有些時候也需要用撒謊來應對。不同的時候需要不同的話語，謊言也是要分類的，真話假說或者美麗的謊言有時候都是環境的需要。

曾經有一位老師對他的學生們撒了一個謊。他說自己可以預測學生的未來，知道他們都擅長什麼。於是他對每一個學生都進行了預測，有的將來可能成為數學家，有的能當作家，有的具備藝術天賦，還有的具備運動細胞……在老師各種不同的預測下，孩子們變得勤奮刻苦、懂事好學。

正是在老師的「謊言」中，幾年後，這些學生都以優異成績邁進了國立大學的校門，這位老師也因此成名，人們也都以為這位老師真的能預知學生的未來。

其實，老師的良苦用心是將一個美麗的謊言種植在孩子的心靈裡，讓他們相信自己的潛力與才華。這不能說老師是在欺騙他們，而是他用謊言的方式讓學生們對自己有信心。這是一種鼓勵式的謊言。那麼，此外，還有哪些謊言呢？

言不由衷

當你穿了一件新衣服去上班時，你的同事都會讚美你的穿著，而事實上有些人根本不喜歡你的新衣服。這就是一般的謊言，就像是「你太太非常漂亮！」、「你兒子很聰明！」之類的讚美，儘管是言不由衷，但這種謊言利人又利己，聽者雖有自知之明，但也樂於接受。這種謊言是交際中的另一種方式：讚美。

朋友失戀了，傷心欲絕，明明知道有些安慰是廢話，說了等於沒說，但卻對朋友現在的心情很管用。你總不至於狠心的將「我早就勸過你啦！」、「你是自作自受。」之類的實話說出口，讓他跌入更深的谷底吧？因此，在必要的時候還是要說一些言不由衷的話。

真話假說

當商店的廣告在宣傳全店打折時，實際上只有少數商品在降價處理。老闆不升你職或不加你薪水時，不管是為了安撫你或希望往後大家好相處，都會隨便丟個理由給你。例如：「公司今年沒有這個空缺。」、「公司今年不賺錢。」這雖然有

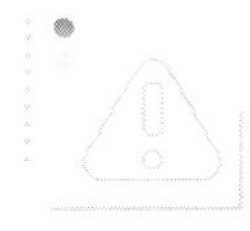

可能也是實情，但是真正不升你職或不加你薪水的卻並不是這個原因。

遇見一名交情不錯的同事，他關心地對你說：「你最近的臉色不太好。」這時我們心裡會感激他的關心，但又不願意透露真相，也不想他再追問下去，便騙他說：「是啊，身體有點不舒服，不過是小毛病，沒事的。」藉機直接將話題截斷。雖然說得也是實話，但根本不是真實原因。

美麗的謊言

當你安慰因工作、學業受挫的朋友時，你經常會說：「我也有過這樣的經歷，以後肯定會好起來的」。當父母、家人問我們最近過得如何時，雖然我們失戀了，或者辭職了，或者被老闆罵了，但也不會說出來讓家人擔心，我們會說：「我最近很好啊！」

一個男孩和他的爸爸到店裡吃麵，他的爸爸是位盲人。男孩叫了兩碗牛肉麵，然後又悄悄跟店家說要換成一碗牛肉麵和一碗清湯麵。男孩把牛肉麵給爸爸，自己吃清湯麵，爸爸夾了幾片牛肉給男孩，男孩又悄無聲息地把牛肉夾給爸爸……

謊言的必要性

有一項調查是讓人們在為期兩週的時間裡詳細記錄每天的談話內容，而且不能遺漏自己說過的每一句謊話。結果顯示：大部分人在一天的時間裡會有兩次嚴重的說謊，三分之一的談話都會含有某種形式的欺騙，百分之八十的謊言還沒有被揭穿，超過百分之八十的人會為了獲得一份工作而撒謊。

仔細想想，謊言在我們日常生活中並不完全是有害的。每個人都有一些不希望讓別人知道的隱私，一個無傷大雅的小謊言，能使生活過得更順暢，也能免去許多不必要的煩惱。

說謊可以作為推辭的好藉口，在忙得不可開交時，接到朋友的電話，而偏偏他講了五分鐘還沒有掛斷的意思，於是只好來一招：「對不起，我馬上就要開會了！」以暗示對方該結束話題了。為了安慰一個失戀的朋友而遲些回家，當媽媽問起時，雖然不想對她說謊，但要解釋起來又十分費時費力，於是隨便說一句：「跟高中朋友聚會啦！」

其實，有時候撒謊並不意味著不誠實，也並不表示就一定罪大惡極。如果善

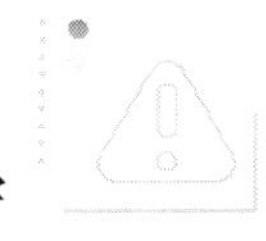

加運用，說謊的意圖又不損人，那偶爾講一兩個無傷大雅的小謊言，相信一般人也都是能接受的，而且有時還可以增添生活情趣，尤其是當事實比謊言更傷人的時候，這時說點小謊能緩和激動的情緒，是另一種美麗的謊言。

誠實其實也是有條件的

我們總愛教育別人：做一個誠實的人。

可是你知道嗎？一個人不是在任何條件下都能表現出同樣的誠實的，所以誠實也是有條件的。

以下就是一個關於誠實的實驗，以及對撒謊的探討。

作弊的實驗

有一項實驗，要求參與者做一個簡單的數學測驗，一共有二十道很容易的試題，每道題都給了一組數字，讓他們從中找出相加等於十的兩個數。測驗的時間是五分鐘，做得越多越好，然後讓他們抽籤。中籤的可以按本人的成績，每答對一道題就有十美元的獎勵。

參與者分為兩組，一組學生直接把試卷交給實驗主持人，這是受到嚴格控制的一組。另外一組要把自己答對了多少寫在答題紙上交給監考人，然後把考題紙撕掉，很明顯這一組人有作弊的機會。那麼，有了機會，這些參與者會作弊嗎？

正如你所預料，他們的確作弊了，但是並不嚴重。

除此之外，還有一個關鍵步驟，那就是在實驗開始之前，參與者到達實驗室以後，要求一部分人寫出他們高中時讀過的十本書名，其餘的則要求寫出《聖經》十誡的內容，記得多少寫多少。

做完實驗的這一部分，才讓他們去做數學題。實驗的這種設置，就是讓一部分人回憶高中讀過的十本書，然後引誘他們作弊；另一部分人則是回憶《聖經》十誡以後再引誘他們作弊。那麼，哪些人作弊的可能性大一些？

在沒有作弊機會的條件下，參與者平均答對三道題；而在有作弊機會的條件下，回憶高中十本書的參與者平均答對四道題。

但是更重要的是另外一組的結果，參與者先寫下《聖經》十誡，然後再做題，

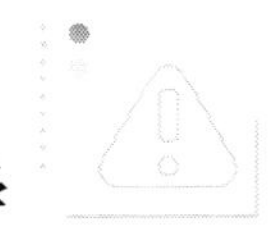

然後再撕掉試題稿紙。他們會作弊嗎？或者《聖經》十誡會對他們的操守產生影響嗎？結果連我們也感到驚訝：回憶過《聖經》十誡的學生根本沒有人作弊！他們的平均成績和那些沒有作弊機會的一組相同，比那些回憶高中讀過的十本書而有作弊機會的學生少答對一道題。

為什麼回憶《聖經》十誡的這個步驟會讓結果大不一樣呢？也許這是讓他們當中的某種機制啟動了，並且搖醒了他們，命令他們趕快停止。或者說，是某種道德準則提高了這些參與者的誠實度。因此，可以看出，誠實也是有條件的，當我們改變環境、改變前提時，可能我們的誠實便會不一樣。

撒謊值不值得

還有一項實驗，也是同樣將參與者分為兩組，並讓她們都看一段相同的影片片段，這段影片沒有情節、沒有聲音，可以說是一段十分無聊的影像組合。但是，兩組參與者看完之後會分別獲得十美元和五十美元，並要求他們告訴外面等待的人影片很精彩。最終的結果是，獲得五十美元的參與者撒謊的人數明顯多過獲得十美元的參與者。

誠實其實也是有條件的

這是為什麼呢？難道獲得少的這組人更誠實嗎？心理學家分析，同樣是讓他們說謊，但是成本不一樣。十美元組的參與者認為只為十美元就說謊不值得，而五十美元組會認為自己說謊是他們要求說的，並且還付了五十美元。這完全是兩種不同的心理狀態，一組的判斷是值不值得，一組則是有沒有合理原因。

這也就是說，我們選擇誠實還是撒謊是有條件的。在不同的環境和條件下，對誠實的堅持會表現出不同的程度，不可一概而論。

我們常常會認定一些人是誠實的人，是正人君子，然而這些人有時候也是不誠實的。亞當・史密斯對於正人君子不誠實的行為解釋為：人們把成本收益分析法運用於誠實的行為，同樣也把成本收益分析法應用於不誠實的行為，人們只在對他們有利的情況下才會誠實。

關於誠實，當我們去判斷某個人是不是誠實時，不妨先考慮一下前提條件，而不要以偏概全、誤下結論。

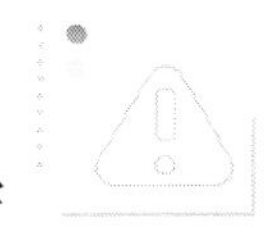

是誰在操控誠實

仔細觀察一下周圍生活中的不誠實現象就會發現，多數作弊、撒謊行為離現金還有一步之遙。思考過後就不難發現，很少有人會用赤裸裸的現金作弊，所以說離現金一步之遙的時候，我們會變得不誠實，撒謊也最容易發生。

小物品勝於小錢

有一項實驗，麻省理工學院的宿舍裡都有公共使用區域，這裡擺放著各種樣式、大小不一的電冰箱供學生使用。實驗者趁著大多數學生都在上課時溜了進去，在宿舍中逐層遊蕩，小心的環視周圍，確認沒有人看見時，悄悄把冰箱門打開，然後偷偷塞進半打可口可樂。

走出一段距離以後，躲在一個不容易被人發現的地方，趕快把放入可樂的冰箱的位置和放入時間記錄下來。幾天後，實驗者回去檢查自己放下的可樂數量，並詳細記錄冰箱裡每天剩餘可樂數量的變化。

結果會怎樣?所有可樂在七十二小時內全部不見了。但是，實驗者放下的其實不只有可樂，還放了一個小碗，裡面是幾張總共六美元的紙幣，結果這些錢完全沒有被人動過。

這又是為什麼呢？我們擅長把細微的不誠實想法和做法合理化，所以我們通常很難清楚的確定非金錢事物對作弊的影響。我們會說偶爾從公用冰箱裡拿一罐可樂不算什麼，因為有時我們的可樂也會被別人拿走。

不誠實的時候

是什麼在操縱誠實？又是什麼讓我們變得不誠實。大家可以想一下我們周圍的事情，有一種不誠實是很明顯的，就是明擺著要獲得的利益，如搶劫、偷盜。還有一種不誠實是那些自認為誠實的人覺得理所應當的不誠實行為，其實也就是對自己的小動作給予合理化解釋，如拿走了公司的一支筆。

很多事實證明，若有了適當的機會，很多平日裡誠實的人也會作弊、撒謊，而且多數人都會撒謊、作弊，只是程度不同而已。但令人驚訝的是，一旦在誘惑下撒謊、作弊，它們的程度並不像人們認為得那樣高，這與害怕被發現有直接關係。也就是說，無論是否會被發現，人們作弊的行為都不會太過分，因為內心總

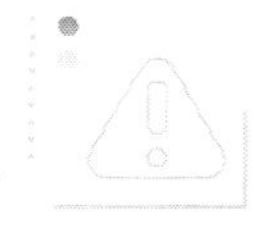

是害怕被發現。

當然，我們是嚮往誠實的，並且想做一個誠實的人。但問題在於，我們內心的誠實尺度只有在考慮重大越軌行為時才會被啟動。也就是說，只有面對大事件的時候我們才會考慮一下是不是該誠實，而在面臨瑣碎的事情時，我們甚至不會去想這點小事與誠實有什麼關係。

被誇大了的誠實

前幾節中，不誠實的實驗讓我們大開眼界，原來誠實的我們在一定條件的誘惑下的確會變得不誠實。也許就會有人問了，難道我們平時的誠實都是假的嗎？難道真的沒有真正的誠實了嗎？其實，並不是這樣的，只能說有時候我們所謂的誠實是被誇大了的，對誠實的理解過於絕對化，一個誠實的人並不是在任何條件下都不能說謊，因為每個人都很難在他的一生中不說謊。

那麼換句話說，在我們理解誠實這個概念時，如果過於絕對化只會把真正的誠實誇大，而現實生活中的誠實並不是這樣。

實驗的啟示

前面介紹過的幾個關於誠實的實驗，能使我們從中明白些什麼呢？也許印象並不好，對嗎？其實實驗中的參與者都是聰明、有愛心、正直的人，我們看到他們在絕大多數情況下，也能把持住作弊、不誠實的程度和界限。他們中大多數意識中都有一個臨界點在呼喚他們停止作弊，而他們也就停下了。

也就是說，我們實驗中看到的不誠實現象或許接近了人類不誠實的底線，因為實驗將所有條件控制得接近極致，而我們每個人都是真實的，在這種條件下很難完全不受誘惑。

我們通常所說的「誠實的人」，那些講道德並且自認為有操守的人，一般都會很好的控制自己不踰越那條不誠實的界限，而一旦跨越了那條界限，他們也會有不誠實的行為。因此，所謂的誠實也是有限度的，而不是不分條件的永遠誠實。

可接受的不誠實

在我們的生活中，總是有這樣的事實，但似乎我們都能接受。比如，屢見不

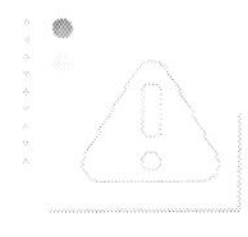

第十章　關於誠實的心理學

鮮的保險造假現象，據估計，投保人報告他們的家庭財產和汽車損失時，總是編造理由多報大約百分之十。當然，對於此現象保險公司一旦發現多報，就會立即提高你的保費。與此相對照的，憑空捏造詐保騙保的案例似乎更不會讓我們覺得有什麼不妥。

通常，很多失主丟的是二十七吋的電視機卻當三十二吋的來報；而丟了三十二寸的電視機卻當三十六英吋的來報。同時，這些人不太可能直接去偷保險公司的錢，但是報告他們丟失的東西時，僅僅是把尺寸和價值誇大一點，道德上的負擔就會更容易承受。

這些都是生活中真實發生的事情，似乎誠實也分大小，有些我們可以接受，而有些我們則認為是無法容忍。

真實的不誠實

誠實，有時候從被人們誇大後的來看就會變形，有時候的一點不誠實或許更加真實。

對於很多工作的人來說，費用報銷情況各有不同。例如，花一五十百元為漂亮的異性買個杯子很明顯是不行的，但是在酒吧裡為她買一杯一百八十元的飲料就很容易找出正當理由。這時，問題不在於東西的價格或者害怕被查出，而在於人們自己是否能夠為這筆開銷找出一個合理的解釋。

海外的一項研究中發現，當人們把開支收據透過公司主管的助理上報審核時，他們離不誠實就只有一步之遙，很容易在裡面夾一些有問題的收據。另一項研究中發現，家住紐約的員工，如果在舊金山機場或者其他離家較遠的地方買孩子的禮物並作為費用報銷，比在紐約機場買或者從機場回家的路上買更覺得心安理得。

這一切在邏輯上都很難說得通，但是一旦交換介質是非貨幣的，我們就會為自己的行為做出合理化的解釋，來為我們的不誠實自圓其說。

那麼，能說這樣的人是不誠實的嗎？對一個人誠實與否的判斷就是看他有沒有撒過謊嗎？當然不是，透過這麼多事實或者實驗的證明，我們的誠實是有限度的或者說是有條件的，而並不是我們理想化的「永遠誠實」或者「絕對誠實」，如果那樣的話，你眼中的誠實就被誇大了，並不符合現實條件。

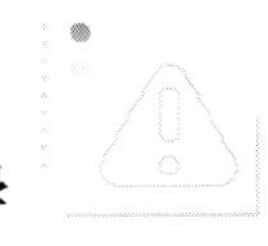

忠誠敬業的矛盾

關於忠誠敬業，並不是一個新鮮的話題了。企業總是希望自己的員工能夠忠誠敬業，效力於本公司。於是，隨著社會與企業的發展，各企業也都想出了各種不同的方法和手段來讓員工盡可能最大限度的對公司忠誠敬業。然而，當我們仔細思考一下企業與員工之間這種僱傭關係的本質時，再回過頭來說忠誠敬業，就會發現它們之間其實存在矛盾之處。無論企業的手段如何，我們還是可以用不同的規範制度來解釋企業和員工之間的矛盾。

企業的各種手段

在美國，勞動力市場曾經更大程度上是一種工業化、市場驅動的交換領域。那時候的僱員經常有朝九晚五時鐘式的心態，若上四十小時的班，星期五就可以領薪資支票。既然工人計時發薪資，他們就會確切的知道什麼時候是在工作，什麼時候不是，當工廠下班的鈴聲一響，買賣就完成。

而現在呢？很多企業都趨向於月薪的薪資制度，曾經的計時薪資已經逐漸淡出了我們的視野，因為這樣可以進一步模糊朝九晚五的工作日概念。那麼，在這種每週七天，每天二十四小時的背景下，就可以讓員工工作得更有熱情、更勤奮，並且更關心企業的發展。在這樣的環境下也更能激勵員工，並且是保持忠誠的最好辦法。

當然，除了這些，各企業也總是想出很多辦法，如過節發禮品、員工旅遊等，所有這些辦法的唯一目的就是想讓員工感受到公司對他們的關心，感受到企業的人情味，建立起一種一家人的感覺，以使員工心甘情願的對企業忠誠。

搞清楚你和企業的關係

不管僱用我們的企業對我們如何優待，有一點千萬不能忘，那就是僱員與企業間的僱傭關係，這也就意味著員工與企業之間終究是以市場規範為原則的，而並不是社會規範。

不管企業有多少具有人情味的福利，都是想營造出社會規範的氣氛來，因為在市場規範下僱員對僱主的忠誠度常常會減弱，而社會規範會增強僱員的忠誠敬業感。

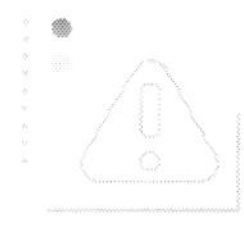

也許正常的工作可以讓我們感受到企業對我們的關懷，像一個大家庭。一旦我們違反了某項規則，企業方面首先會以嚴格的規定懲罰或者處理我們，毫無人情味可言，這也就迫使員工從社會規範滑向市場規範，可能這時我們才反應過來，原來市場規範才是我們與企業之間關係的本質。

既然我們明白了市場規範才是根本，那麼當員工有了更好的機會跳槽時，企業能責備他們嗎？當然不能，因為企業與員工之間原本就是僱傭關係，如果有更好的企業僱用我，我當然可以和你解除關係。這也就毫不奇怪了，「對企業忠誠」對於僱員和企業之間的關係來說，已經成了一個自相矛盾的口號。

不同規範的傾向帶來不同的結果

當然，不同的企業著重的傾向也不同，如果處理好了這兩種規範原則也是可以產生更大效益的。就像 Google 這一類的公司，從給員工提供的福利就可以看出其強調僱傭關係中社會規範所能營造出的親善氛圍。強調社會規範，如享受共同創業的興奮；強於市場規範，如薪水隨升遷而增加時，員工能為公司創造的價值的確令人矚目。

其實這個道理很簡單，沒有人願意白做工不賺錢。如果企業開始從社會規範的角度考慮，是因為，它們意識到社會規範可以建立忠誠。更重要的是，社會規範能使員工自我發展，達到如今企業的要求，而且也會更加關心公司，並且積極參與公司事務，這正是社會規範帶來的。

忠誠敬業的問題引導我們思考工作場合裡的社會規範問題，雖然兩者是矛盾的，但有效的平衡也會為企業帶來收益。

第十一章　關於笑的心理學

笑是人類心情的調節劑，一個每天都在笑的人，無論他的心理還是生理都會是健康的。笑其實代表的是一種態度，一種心態，一種處理問題和困難的方式。會笑的人不但能夠讓他周圍的人感到快樂，也會因此給自己帶來好運氣。

笑是心理的調節劑

當我們堅持用笑來對抗壞心情時，過不了多久就會真的開心起來。其實這也是心理學的一項重要規律：裝著某種心情，模仿著某種心情，往往能幫助我們真的獲得這種心情。

有位經理一向工作出色。有一天，他感到心情很差，但是馬上就要在開會時和客戶見面談話，所以不能有情緒低落、萎靡不振的神情表現，於是他對自己說：「裝也要裝得高興一點。」結果在會議上，他笑容可掬，談笑風生，裝成心情愉快又和藹可親的樣子。

令人驚奇的是，他的這種心情「裝扮」卻帶來了意想不到的結果，談話結束了，他發現自己的心情很好，也沒有回到開會之前的低落情緒。從此，他每次心情很差的時候，就開始「裝」得很開心，過一會兒就真的心情好了。

沒錯，這就是笑的威力，笑可以淡化甚至消除我們心中的鬱悶、低落。所以在很多時候，我們不妨用笑來調節我們的情緒，並且當別人看到你的笑容時也會受感染。

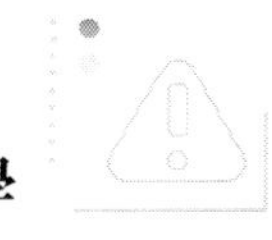

角色帶來的影響

心理學家艾克曼的最新實驗表明，一個人總是想像自己進入了某種情境，並感受某種情緒時，結果這種情緒十之八九果真會到來。並且，因為年齡、性別、職業、性格等因素的不同，情緒變化的程度和時間也不一樣。

情緒有了變化之後，伴隨每一種情緒的外在表現，生理反應也會出現變化。也就是說，當我們處於悲傷、氣憤情緒時，總想趕緊逃出來，但是我們的情緒、行為的改變不是能夠說變就變、想變就變的「瞬間」現象，而是有一個心理變化的內在過程。

後續還有一些研究認為：如果你故意扮演、進入某種角色，如憤怒，那麼就會由於「角色」行為的潛移默化的影響而真的憤怒起來，且在待人接物、言談舉止等方面都會表現出憤怒。同時，某些生理指標也會隨之變化，如心率和體溫上升。

所以說，有些人通常在情緒低落時繼續保持低落，這樣只會讓自己難以走出來。這個時候，就應該「喬裝打扮」一番，假裝自己是個快樂的人，笑一笑，那麼就會隨著微笑的力量快樂起來，造成調節心情的作用。

一笑泯恩仇

為什麼笑能夠調節我們的情緒呢？原來，笑能促使大腦產生一種名叫內啡肽的化學物質，它可造成輕度的麻醉和鎮靜作用，繼而使人的情緒也隨之變得愉悅、明朗。此外，在笑的生理活動過程中，人體處於高度放鬆狀態，身體各器官的生理功能得到加強，這轉而又會影響情緒，使人感覺舒適愉快。

當人處於憤怒、煩惱、憂鬱、緊張、焦慮等不良情緒中時，神經系統的交感神經部分便會活躍，機體隨之會分泌過多的腎上腺物質，導致心跳加快、血壓升高、臟器功能失調。此時，只要開懷笑一笑，身體便會立刻鬆弛下來，腎上腺素和皮質醇分泌的減少使心臟、肝臟、胃腸活動趨向良性，血液循環、氣體交換、消化吸收等生理功能得到加強，壓力帶來的危害也會隨之得到緩解。

看到笑容你也會笑

早上六點，還沒睡醒的母親就聽見幾個月大的兒子在隔壁哇哇大叫。母親

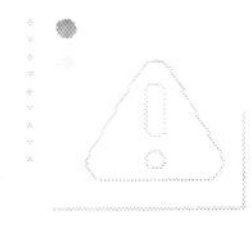

掙扎的爬起來。為了照顧孩子，母親筋疲力盡已是日常。然而，當母親低頭往嬰兒床看時，見到兒子望著自己咧著嘴笑，立刻便會心花怒放，感覺做什麼都值得了。

看到自己孩子的微笑，就能夠讓自己開心不已。同樣在看到別人對自己微笑時，也能夠有同樣的作用。據美國芝加哥《醫學生活週報》報導，美國一些大型醫院和心理診所已經開始僱用「幽默護士」。她們陪同重病患者看幽默漫畫並談笑風生，以此作為心理治療的方法之一，而幽默與笑聲的確幫助不少重病患者或情緒障礙者解除了煩惱與痛苦。

笑的力量你真的理解嗎

無論微笑也好，大笑也罷，都能帶給我們快樂、健康的力量。俗話說，笑一笑十年少，這可不是隨便說的。

下面就是笑帶給我們的好處。

笑出更多的淋巴

有學者把二十至六十歲的志願者請到演出廳觀看了三小時的喜劇小品，使之開懷大笑，結果從血液中測出的淋巴細胞比原來都有升高。笑了三小時尚且如此，那麼經常歡笑的人肯定效果更好。

淋巴細胞很能戰鬥，是身體的守護神，但它們需要「一日三笑」作為「精神食糧」。不僅是大笑，即使是微笑，乃至有個笑的表情，也能引起起淋巴細胞的積極性。

笑出放鬆的精神

人在笑時，下顎處於下移狀態，該部位的下移是人體放鬆的關鍵。能使人從緊張狀態中放鬆的方法，莫過於一笑，平時萬念紛飛的大腦只有在笑的時候，才會進入了無念無為的純淨狀態，並處於一片空白。德國科倫大學的烏倫克魯教授說，笑一分鐘，相當於一個病人進行了四十五分鐘的鬆弛鍛鍊，這就是精神放鬆法。

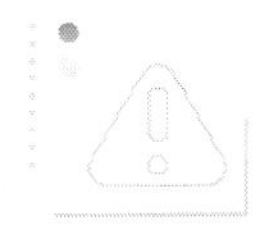

第十一章　關於笑的心理學

許多心理學家、運動學家認為，一般性的笑，能使隔膜、咽喉、腹部、心臟、兩肺，甚至連肝臟都獲得一次短暫的運動。捧腹大笑還能牽動臉部、手臂和兩腿肌肉的運動。當笑停止之後，脈搏的跳動會低於正常的頻率，骨骼肌也會變得非常鬆弛。

笑出抵抗力

一個人大笑時肩膀會聳動、胸膛會搖擺、橫膈膜會震盪，血液含氧量會增加，而更重要的是腦部會釋放出一種化學物質，令人感到心曠神怡，實在是最佳的自然藥物。烏倫克魯教授說，大笑過後，血壓會回降、減少分泌令人緊張的荷爾蒙，發自內心的笑是精神狀態與免疫系統之間直接相連的「天線」，可以在瞬間增強免疫系統的功能。

笑笑更健康

笑聲通常都是人們所喜歡的，每個人都不願意看到朋友愁眉苦臉。最新的醫學研究發現，笑口常開可以防止傳染病、頭痛、高血壓，可以減輕過度的精神壓力，因為歡笑可以增加血液中的氧分，並刺激體內免疫物質的分泌，對抵禦病菌的侵襲大有幫助。而不笑的人患病機率較高，而且一旦生病之後，也常是重病。

美國醫學界將歡笑稱為「靜態的慢跑」。笑能使肌肉鬆弛，對心臟和肝臟都有好處。如果生活中沒有時間去慢跑，我們可以每天多笑一笑，甚至哈哈大笑幾十次，以調節身體狀態，增進健康。

一個測試表明，笑的好處不亞於健身。科學家對四十八位心臟病患者的研究證實了笑的治療效果，研究者將患者分成兩組：一組每天觀看三十分鐘的喜劇；而另一組不做安排，是參照組。一年後，參照組中有十名患者心臟病反覆發作，而觀看喜劇的人中只有兩名。

全世界都在笑

笑的好處和對健康的作用已經被越來越多的人所了解。現在，笑的療法風靡世界，笑的行業應運而生——印度有笑診療所、法國有笑俱樂部、瑞士有笑麵館、日本有笑學校、德國有笑比賽、美國有笑醫院。

笑是一種良好的健身運動，笑是一種最有效的消化劑，笑能增強人體的免疫

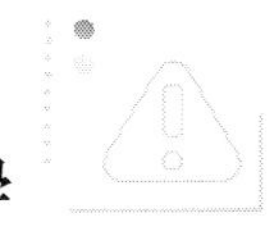

力、提高機體的抗病能力。

愛笑，是長壽者的共同特點，這是日本學者在印度調查長壽老人時得出的結論。

世界衛生組織認為，健康是身體的、精神的健康和社會幸福的完善狀態，不難看出，笑是唯一能覆蓋身體、精神、社會三個方面的「全能」高手。

在什麼時候會發笑

我們每個人都會笑，每天可能都會笑幾次，那麼我們是因為什麼笑呢？遇到什麼場景才會發笑呢？有人說見到好笑的事情、聽笑話的時候會笑，也有人說得意的時候會笑，成功的時候會笑。對於笑的答案有很多，似乎這是一個很簡單又不好回答的問題。

心理學家發現，笑是人類與他人交流的最古老的方式之一，而在此之前，笑只被看作是人類幽默感的體現。人類笑是為了和別人團結一致或者嘲笑他們。我們中的每一個人早在學會說話之前就已經掌握了這門技巧。我們的笑，其實是和很多心情和情緒連繫在一起的，下面就為大家一一解析。

笑與愉快

看搞笑的電影、聽到幽默的笑話、遇到開心的事情我們都會笑出來，因為這些讓我們感到愉快、高興，所以會笑。心理學家認為，引起笑的客觀情景都是愉快的，由愉快情景引起了表示愉快的笑。

笑與缺陷

有時我們看到別人摔了一跤然後又站起來，我們就會在一旁笑。有時喜劇電影裡的人物總是暴露自己的缺陷，我們看了就會笑。這是為什麼呢？

普羅普的《滑稽與笑的問題》也許能回答這個問題。該書指出：「笑，都是由某些隱蔽著、起初很不明顯的缺陷的突然暴露而引起的。」但是，「能引起笑的並不是所有的缺陷，而是某些微小的缺陷。劣跡在任何情況下都不能成為喜劇的對象。」

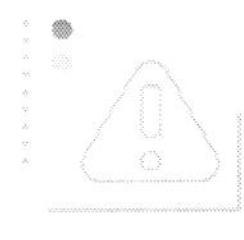

調笑的通常手法是自然的、有意識的把受眾的「注意力」從事物的「內在活動」轉移到事物的「外在形式」上，「缺陷」就被突然暴露出來，笑於是就產生了。

與他人交流的笑

當我們見到熟人，見到老朋友、老同學，我們總會笑臉相迎。笑表達了我們的一種喜悅與歡迎，這是我們與他人交流的一種方式。

所以，笑也是一種社交工具，很多人在一起的時候才會有更多的笑。當一個人獨處的時候就很少笑了。痴笑、輕笑和尖聲笑常在人與人共處的時候發生，發笑的人常常會中斷談話，等笑完之後才繼續交談，而發笑的人自己卻很少注意到。

女人用笑傳遞訊號

笑不僅是一個人感覺舒適或者高興的表現，還能讓人在面對其他人時喚起某些情緒。

女人能透過笑的方式向男人提出要求，表示下次願意和他們再見面。女人還能不用說出自己的意圖，微妙的表示接受一個男人或者乾脆拒絕。

笑對他人產生影響

在我們生活的各個方面，笑都會對其他人產生影響。嘲笑的笑聲把「受害者」搞得像傻瓜，把自己弄成侵犯者。一個團體內的人如果嘲笑一個人的話，就等於把他排除在這個團體之外。儘管上司是一個無趣的人，但職員還是用一種低聲下氣的笑表示附和，其目的都是為了在上司心中留下好印象。而上司則用一種不同的笑讓下屬感覺自己的主宰力量。如果他們不採用這種簡單的「呵呵」笑，而是邊說話邊輕快地笑的話，那麼就要失去下屬對他們的尊敬了。

心理學家約安娜．巴霍洛夫斯基做了一個關於笑的實驗，她播放了一段錄影：一個女人開始笑，一開始笑的時候就像是在咳嗽，接下來她有節奏地把音階升高，一直到接近鳥叫那樣的高音。

在二十秒的時間裡，她把音高提高到了驚人的一千赫茲，這要比她正常說話的聲音頻率高了十倍。約安娜．巴霍洛夫斯基說：「這正是能讓人感覺舒服的

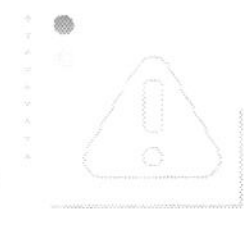

笑。」接著她又指向電視螢幕，下一部分的實驗都是針對男人，結果有個男人說「她對我感興趣」，看來這個笑聲對他的影響真夠特殊的。

笑的多樣性

我們笑的時候很多，遇到的情況也不盡相同，所以笑看似簡單但卻很難有統一的定義。看到美好的東西時，我們會笑；聽笑話時，我們會笑；感受到甜蜜時，我們會笑；得意時，我們也會笑；害羞時，我們也會笑；愉快時，我們也會笑；調皮時，我們也會笑；驕傲自豪時，我們也會笑；見到熟人時，我們也會笑；尷尬的時候，我們還是會笑一下。

自嘲也是一種智慧

魯迅先生著名的《自嘲》詩：「運交華蓋欲何求，未敢翻身已碰頭。破帽遮顏過鬧市，漏船載酒泛中流。橫眉冷對千夫指，俯首甘為孺子牛。躲進小樓成一統，管他冬夏與春秋。」在自嘲中顯示了自己的謙虛與不足，同時也表達了決心，讓別人對自己刮目相看。

自嘲是一門學問，也是一種智慧，一種以退為進的智慧。尷尬後的自嘲可以有效化解起初的尷尬，有時自嘲也顯示出自己的豁達與自信，有時還可以拉近人與人之間的關係。

任何人都會遇到尷尬的時候，關鍵在於你是不是能巧妙的轉移注意力，躲過尷尬。因此，尷尬之後的自嘲需要幽默的智慧。

傳說古代有個石學士，一次騎驢不慎摔在地上，一般人一定會不知所措，可這位石學士不慌不忙的站起來說：「虧我是石學士，要是瓦的，還不摔成碎片了？」一句妙語，說得在場的人哈哈大笑，這位石學士也在笑聲中免去了難堪。以此類推，若一位胖子摔倒了，可以說：「如果不是這一身肉，還不把骨頭摔斷了？」換成瘦子，又可以說：「要不是重量輕，這一摔就成了肉餅了！」

拿自己的某項特點當作出發點，調侃幾句，很自然地就會化尷尬為歡笑了。

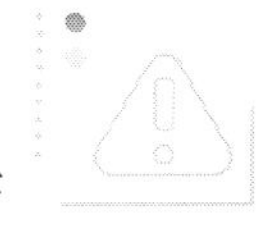

豁達的自嘲

笑自己的長相或笑自己做得不夠漂亮的事情，會使我們變得較有人性，並給人一種和藹可親的感覺。在社交場合中，自嘲是不可多得的靈丹妙藥，別的招不靈時，不妨開自己玩笑，這是最安全的，通常不會討人嫌。

自信的自嘲

有時你陷入難堪是由於自身的原因造成的，如外貌的缺陷、自身的缺點、言行的失誤等，這時候自信的人能較好的維護自尊，而自卑的人往往會陷入難堪。對影響自身形象的種種不足之處大膽巧妙的加以自嘲，能出人意料地展示你的自信，且在迅速擺脫窘境的同時顯示你瀟灑不羈的交際魅力。

如果你的身高不夠高，不妨說自己是體積小力量大，濃縮的都是高科技；如果醜陋的你找了一個美麗的老婆，不妨說我很醜但是我很溫柔。這樣的話，並不會顯得你自卑，反而更自信。

拉近關係的自嘲

貝利在一家大企業的運輸部門負責文書工作，有愛拖延的毛病。當這個企業被另一個大企業合併後，貝利就在人事變動的波流中沉浮不定。新來的同事似乎對他不太友善，直到有一天貝利運用了自嘲。「他們可不敢把我辭掉。」他解釋說，「做什麼事我都遠遠落在人後。」貝利取笑自己，使新同事和他一起笑，並幫助他建立了友善合作的共事關係。

如果貝利這一句妙語顯示出他的確有將今天的工作拖延到明天的惡習，這也提醒了他，使他更能自我了解。因此他以自我諷刺來客觀檢討自己的毛病——愛拖延，並改進自己的表現。

與人為善的自嘲

傳說，希臘哲學家蘇格拉底的妻子是個潑婦，常對他發脾氣，而蘇格拉底總是對旁人自嘲道：「娶這樣的老婆好處很多，可以鍛鍊我的忍耐力，培養我的修養。」一次他剛走出家門，那位怒氣難平的夫人突然從樓上倒下一大盆水，把他澆

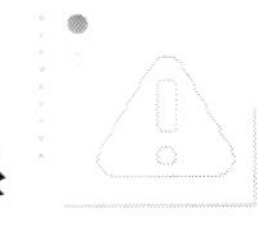

成落湯雞。這時，蘇格拉底不慌不忙的說：「我早就知道，響雷過後必有大雨，果然不出我所料。」

顯然，蘇格拉底有些無可奈何，但他帶有自嘲意味的譏諷，使他從這一窘境中超脫出來，顯示了蘇格拉底極深的生活修養。

即使受到不公平的待遇或遭到令常人難以忍受的冤屈，往往也不會怨恨得咬牙切齒，憤怒得破口大罵，甚至拿出殺手鐧置對方於死地。但是，他也不是窩囊廢，他會以他獨有的寬容方式來作出反應，也許會帶一點嘲諷，當然更少了不自嘲。這樣，他往往就成了更高層次上的勝利者。

快樂是人生的根本

有人說，快樂是世間成本最低、風險也最低的成功，還能讓人受用一生。其實，我們每個人的一生都是在追求快樂，只不過不同的人會因為不同的事情而快樂。

一位少年夢想能成為帕格尼尼那樣的小提琴演奏家，所以一有空閒就練習，卻進步甚微，最後連父母都覺得孩子完全沒有音樂天賦，但又怕講出真話會傷害孩子的自尊心。

有一天，少年去請教一位老師，老師說：「孩子，你先拉一支曲子給我聽聽。」少年拉了帕格尼尼二十四首練習曲中的第三支，簡直是破綻百出。

一曲結束，老師問：「你為什麼那麼喜歡拉小提琴呢？」少年說：「我想成功，我想成為帕格尼尼那樣偉大的小提琴演奏家。」

老師又問道：「你快樂嗎？」少年回答：「我非常快樂。」老師語重心長的說：「孩子，你非常快樂，這說明你已經成功了，何必非要成為帕格尼尼那樣偉大的小提琴演奏家不可呢？在我看來，快樂本身就是成功。」

少年聽了老師的話，深受觸動，從此冷靜下來，此後仍然常拉小提琴，但不再受困於帕格尼尼的夢想。這位曾經的少年就是阿爾伯特·愛因斯坦，他一生仍然喜歡小提琴，儘管拉得不太好，卻能自得其樂。

有些人想要事業成功，有些人熱愛自己的生活，還有些人勇於冒險。不管你在做什麼，想成為什麼，人生的目的只有一個，那就是快樂。快樂是成功，也是我們主動的選擇，所以快樂起來吧！

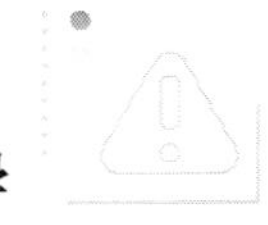

第十一章　關於笑的心理學

快樂即成功

快樂即成功，這是充滿陽光的人生哲學。在生活中，我們不難見到一群人，他們臉色紅潤、身體健康、笑口常開、心情愉快，他們活出了人之為人的所有趣味。然而，可能他們在事業上並沒有太大的建樹，也沒有名利雙收，與功成名就不怎麼沾邊。

這樣的人依舊快樂，和這樣的人在一起，你也會被他們的快樂感染。同樣還有一些人，整天忙碌，為事業奔波，應酬也很多，可能他們在事業上確實算是成功，或者腰纏萬貫。但是，他們快樂嗎？

當然，我們不是說事業成功就不快樂，而是說快樂才是目的，無論我們做什麼都是為了快樂，千萬不能把成功當作最終目標。同樣，快樂的方式也很多，做自己喜歡的事就會快樂，沒有統一的標準。

快樂是選擇

猶太人說，這世界上賣豆子的人應該是最快樂的，因為他們永遠不必擔心豆子賣不出去。為什麼呢?因為如果他們的豆子賣不完，可以拿回家去磨成豆漿，再拿出來賣給行人。如果豆漿賣不完，可以製成豆腐。如果豆腐賣不完，變硬了，還可以當豆腐乾來賣。如果豆腐乾賣不出去的話，就把這些豆腐乾醃起來，變成豆腐乳來賣。

還有一種選擇是：賣豆人把賣不出去的豆子拿回家，加上水讓豆子發芽，幾天後就可改賣豆芽。豆芽如果賣不出去，就讓它長大些，變成豆苗。如果豆苗還是賣不出去，再讓它再長大些，移植到花盆裡，當作盆景來賣。如果盆景賣不出去，那麼再把它移植到泥土中讓它繼續生長，幾個月後就會結出許多新豆子。一顆豆子可以變成上百顆豆子，想想那是多划算的事啊!

是不是覺得這是一連串的事情，也是很自然的事情?可是當事情發生在自己身上時，為什麼不會選擇，只會覺得走投無路。一顆豆子在遭遇冷落的時候，都有無數種精彩選擇，何況一個人呢，關鍵在於我們去不去選擇。

「不快樂」的快樂

心理學上有個詞叫「未完成事件」，就是說，曾經讓人不快樂的事會被記錄下

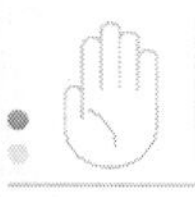

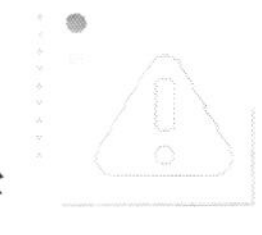

來，留在那等待未來的自己來完成。比如，愛犬過世、當眾出糗、朋友分離、愛人分手……這些不快樂都被記住了，幾年之後，你養了兩隻活潑的狗，成了演講家，有了新朋友，找到了最適合的人結婚——你默默的完成了之前被記錄為「不快樂」的那些事，把它們重新標記為快樂。

看出來了嗎？不快樂並不是只能被忘記的，它之所以不願離我們而去，還在心裡逗留，就是為了提醒我們「快樂在哪裡」。不快樂是被我們記錄下來的一些「自我考驗」，等著成熟一些的自己回來解決。當二十五歲的你可以解決十六歲時留下的某個不快樂時，我們就可以驕傲地告訴自己「我真的長大了！」

快樂是人生的根本

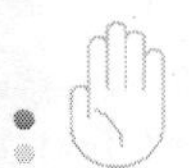

國家圖書館出版品預行編目資料

你的行為，我理解不能：盜版不「盜」、罰款實驗、貪便宜的機會，是誰在操控誠實？/ 郭琳編著. -- 第一版. -- 臺北市：崧燁文化事業有限公司, 2022.02

面； 公分

POD 版

ISBN 978-626-332-024-6(平裝)

1.CST: 成人心理學 2.CST: 色彩心理學 3.CST: 通俗作品

173.3 110022842

你的行為，我理解不能：盜版不「盜」、罰款實驗、貪便宜的機會，是誰在操控誠實？

編　　著：郭琳

編　　輯：鄒詠筑

發 行 人：黃振庭

出 版 者：崧燁文化事業有限公司

發 行 者：崧燁文化事業有限公司

E-mail：sonbookservice@gmail.com

粉 絲 頁：https://www.facebook.com/sonbookss/

網　　址：https://sonbook.net/

地　　址：台北市中正區重慶南路一段六十一號八樓 815 室

Rm. 815, 8F., No.61, Sec. 1, Chongqing S. Rd., Zhongzheng Dist., Taipei City 100, Taiwan

電　　話：(02)2370-3310　　　**傳　　真**：(02) 2388-1990

印　　刷：京峯彩色印刷有限公司（京峰數位）

律師顧問：廣華律師事務所 張珮琦律師

定　　價：360 元

發行日期：2022 年 02 月第一版

◎本書以 POD 印製